RELACION DE LAS COSAS DE YUCATAN

Fray Diego de Landa

RELACION DE LAS COSAS DE YUCATAN

Dante

Editorial Dante

RELACION DE LAS COSAS DE YUCATAN
Fray Diego de Landa

1ra. Ed. Colección
2a. edición: 2001

Calle 17 N° 138-B Xprol. Paseo Montejo
Col. Itzimna C.P. 97100

Queda hecho el depósito que marca la ley
ISBN: 970-605-082-5

Diseño de portada: Carlos Cámara.

IMPRESO EN MEXICO
PRINTED IN MEXICO

EDICIONES DE LA RELACION

1864 *Relation des Choses de Yucatán* de Diego de Landa. Texte espagnol et traduction française en regard por el abate Brasseur de Bourbourg. París, Mme. Ve Belin.

1881 *Relación de las Cosas de Yucatán*. En el Apéndice a la versión de Essai sur le defrichement de l'ecriture hiératique maya, de Leon Rosny. Juan de Dios de Rada y Delgado, en Madrid.

1900 *Relación de las Cosas de Yucatán*. En Colección de Documentos Inéditos Relativos al Descubrimiento, Conquista y Organización de las antiguas poblaciones españolas de Ultramar. Tomo XIII, páginas 265-411. Academia de la Historia. Madrid.

1928-29 *Relation des Choses de Yucatán*. Texte espagnol et traduction française en regard. J. Genet, París. No es completa, por haber faltado el vol. 3 no publicado por suicidio del editor.

1937 *Yucatan before and after the Conquest* by Diego de Landa. Translated with notes by William Gates, Baltimore. Se hicieron dos ediciones en el mismo año, una en marzo de 80 ejemplares, quedando 70 fuera de comercio. Posteriormente la segunda, el mismo año, dedicada al Presidente Cárdenas. Es la primera en inglés.

1938 *Relación de las Cosas de Yucatán*. Primera edición yucateca, preparada por don Alfredo Barrera Vázquez, con Diez Relaciones de los Encomenderos, en el Apéndice. Mérida de Yucatán.

1938 *Relación de las Cosas de Yucatán* de fray Diego de Landa. Edición preparada por don Héctor Pérez Martínez, México, Robredo. Con doce documentos en el Apéndice, entre ellos Cartas de fray Diego de Landa.

1941 *Landa's Relacion de las Cosas de Yucatán*. A translation editated with notes by Alfred Tozzer. En "Papers of Peabody Museum of Am. Archeology and Ethnology", Harvard, Un. Vol. XVIII.

I

DESCRIPCIÓN DE YUCATÁN.— VARIEDAD DE LAS ESTACIONES

Que Yucatán no es isla ni punta que entra en el mar como algunos pensaron, sino tierra firme y que se engañaron por la punta de Cotoch que hace el mar entrando por la bahía de la Ascensión hacia Golfo Dulce, y por la punta que por esta otra parte, hacia México, hace la Desconocida antes de llegar a Campeche, o por el extendimiento de las lagunas que hace el mar entrando por Puerto Real y Dos Bocas.

Que es tierra muy llana y limpia de sierras, y que por esto no se descubre desde los navíos (sino) hasta muy cerca (de la costa), salvo entre Campeche y Champotón donde se miran unas serrezetas y un Morro de ellas que llaman de los diablos.

Que viniendo de Veracruz por parte de la punta de Catoche (Yucatán), está en menos de 20 grados, y por la boca de Puerto Real en más de 23, y que bien tiene de un cabo al otro 130 leguas de largo (en) camino derecho.

Que su costa es baja, y por esto los navíos grandes van algo apartados de tierra.

Que la costa es muy sucia y está llena de peñas y pizarrales ásperos que gastan mucho los cables de los navíos, y que tiene mucha lama, por lo cual aunque los navíos zozobren en la costa, se pierde poca gente.

Que es tan grande la menguante del mar, en especial en la bahía de Campeche, que muchas veces queda media legua en seco por algunas partes.

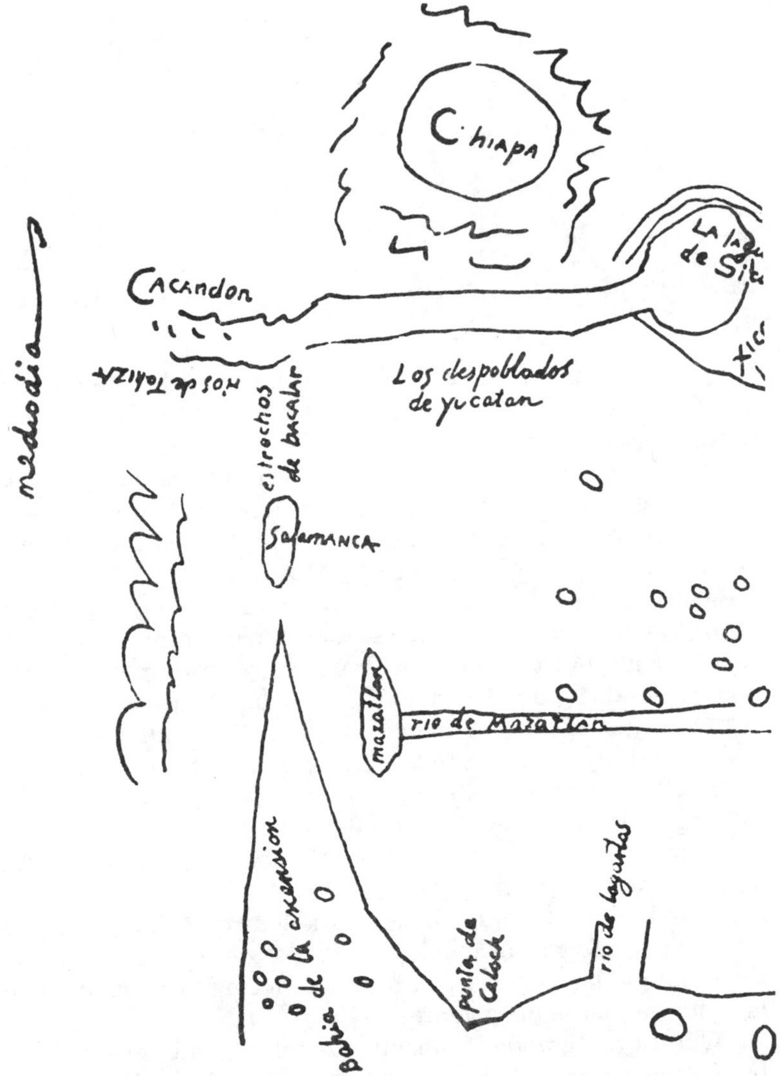

mapa de Yucatán

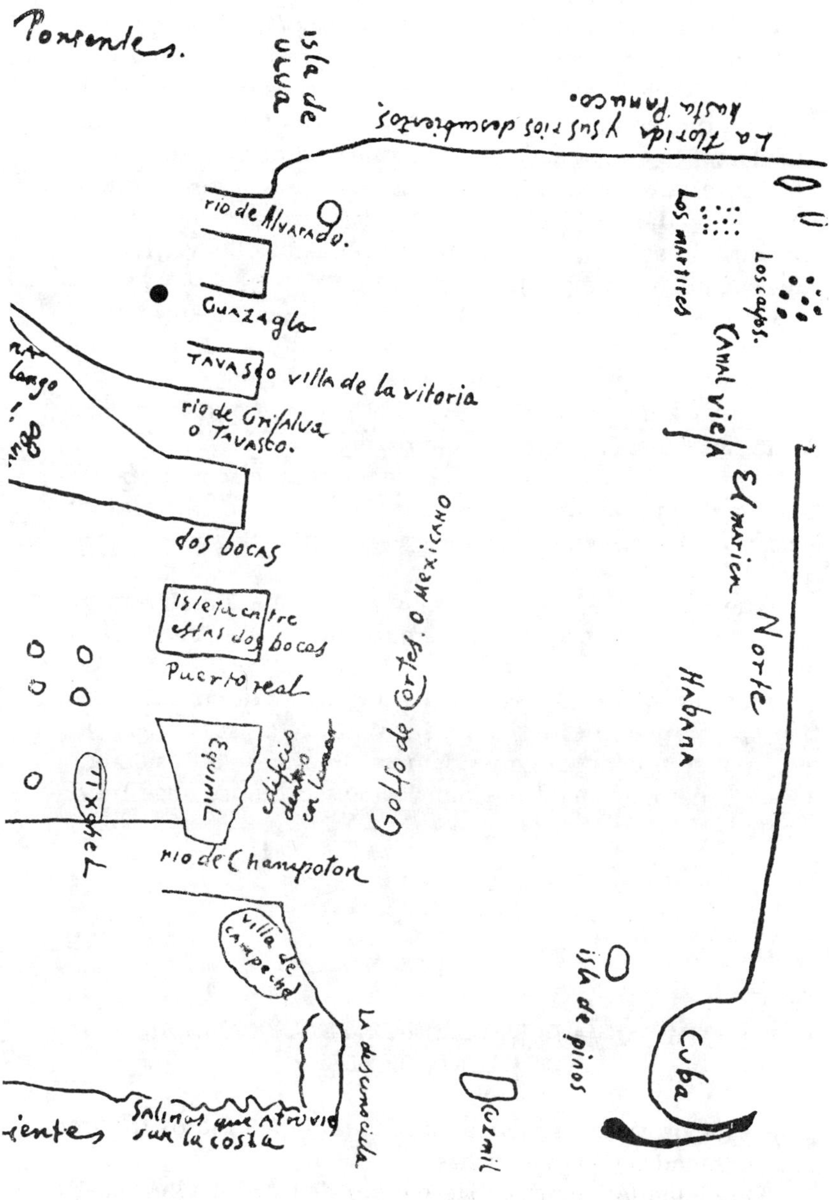

Ponientes.
isla de Ulua
La Florida y sus rios descubiertos hasta Panuco.
Los martires
Los cayos.
Canal vieja
rio de Alvarado.
Guazaglo
TAVASCO villa de la vitoria
rio de Grijalva o TAVASCO.
El matica
dos bocas
Norte
Isleta entre estas dos bocas
Habana
Golfo de Cortes o Mexicano
Puerto real
Equinil
edificio dentro en la mar
Tixchel
rio de Champoton
villa de campeche
isla de pinos
Cuba
La desconocida
Cozumel
Salinas que atravie san la costa

Que con estas grandes menguantes se quedan en el légamo, y lamas y charcos, muchos pescados pequeños de que se mantiene mucha gente.

Que atraviesa a Yucatán de esquina a esquina una sierra pequeña que comienza cerca de Champotón y va hasta la villa de Salamanca que es el cornijal contrario al de Champotón.

Que esta sierra divide a Yucatán en dos partes, y que la parte de mediodía, hacia Lacandón y Taiza, está despoblada por falta de agua, que no la hay sino cuando llueve. La otra que es al norte, está poblada.

Que esta tierra es muy caliente y el sol quema mucho aunque no faltan aires frecos como brisa o solano que allí reina mucho, y por las tardes la virazón de la mar.

Que en esta tierra vive mucho la gente, y que se ha hallado hombre de ciento cuarenta años.

Que comienza el invierno desde San Francisco y dura hasta fines de marzo, porque en este tiempo corren los nortes y causan catarros recios y calenturas por estar la gente mal vestida.

Que por fines de enero y febrero hay un veranillo de recios soles y no llueve en ese tiempo sino a las entradas de las lunas.

Que las aguas comienzan desde abril y duran hasta septiembre, y que en este tiempo siembran todas sus cosas y vienen a maduración aunque siempre llueva; y que siembran cierto género de maíz por San Francisco que se coge brevemente.

II

ETIMOLOGÍA DEL NOMBRE DE ESTA PROVINCIA SITUACIÓN DE ELLA

Que esta provincia se llama en lengua de los indios *Uluumil cutz* ensenadas y bahías dichas.

Que cuando Francisco Hernández de Córdoba llegó a esta

tierra saltando en la punta que él llamó cabo de Cotoch, halló ciertos pescadores indios y les preguntó qué tierra era aquella, y que le respondieron *cotoch*, que quiere decir *nuestras casas y nuestra patria*, y que por esto se puso este nombre a aquella punta, y que preguntándoles más por señas que cómo era suya aquella tierra, respondieron *ciuyetel ceh* que quiere decir *tierra de pavos y venados*, y que también la llamaron *Petén* que quiere decir *isla*, engañados por las *than* que quiere decir, *dícenlo*; y que los españoles la llamaron Yucatán, y que esto se entendió de uno de los conquistadores viejos llamado Blas Hernández que fue con el Adelantado la primera vez.

Que Yucatán, a la parte del mediodía, tiene los ríos de *Taiza* y las sierras de Lacandón, y que entre mediodía y poniente cae la provincia de Chiapa (s), y que para pasar a ella se habían de atravesar los cuatro ríos que descienden de las sierras que con otros se viene a hacer (el de) San Pedro y San Pablo, río que descubrió en Tabasco Grijalva; que al poniente está Xicalango y Tabasco, que son una misma provincia.

Que entre esta provincia de Tabasco y Yucatán están las dos bocas que rompe el mar, y que la mayor de éstas tiene una legua grande de abertura, y que la otra no es muy grande.

Que entra el mar por estas bocas con tanta furia que se hace una gran laguna abundante de todos pescados y tan llena de isletas, que los indios ponen señales en los árboles para acertar el camino para ir o venir navegando de Tabasco a Yucatán; y que estas islas y sus playas y arenales están llenos de tanta diversidad de aves marinas que es cosa de admiración y hermosura; y que también hay infinita caza de venados, conejos, puercos de los de aquella tierra, y monos, que no los hay en Yucatán.

Que hay muchas iguanas que espanta, y en una de (las isletas) está un pueblo que llaman *Tixchel*.

Que al norte tiene la isla de Cuba, y a 60 leguas muy enfrente la Habana, y algo adelante una islilla de Cuba que dicen de Pinos.

Que al oriente tiene a Honduras y que entre Honduras y Yucatán se hace una muy gran ensenada de mar (a) la cual llamó Grijalva Bahía de la Ascensión, y que está tan llena de isletas y que se pierden en ellas (los) navíos, principalmente los de la contratación de Yucatán a Honduras; y que hará 15 años que se perdió una barca con mucha gente y ropa, y al zozobrar el navío se ahogaron todos salvo un (tal) Majuelas y otros cuatro que se abrazaron a un gran pedazo de árbol del navío y anduvieron así tres o cuatro días sin poder llegar a ninguna de las islillas, y que se ahogaron faltándoles las fuerzas, menos Majuelas que salió medio muerto y tornó en sí comiendo caracolejos y almejas; y que desde la islilla pasó a tierra en una balsa que hizo de ramas como mejor pudo; y pasado a tierra firme, buscando de comer por la ribera, topó con un cangrejo que le cortó el dedo pulgar por la primera coyuntura con gravísimo dolor. Y tomó a tiento la derrota por un áspero monte para la villa de Salamanca, y que anochecido se subió a un árbol y que desde allí vio un gran tigre que se puso en acechanza de una cierva, y se la vio matar y que la mañana (siguiente) él comió de lo que había quedado.

Que Yucatán tiene algo más abajo y enfrente de la punta de *Cotoch* a *Cuzmil*, (a) 5 leguas de una canal de muy grande corriente, que hace el mar entre ella y la isla.

Que *Cuzmil* es isla de quince leguas de largo y cinco de ancho, en que hay pocos indios y son de la lengua y costumbres de los de Yucatán, y está en 20 grados a esta parte de la equinoccial.

Que la isla de las Mujeres está a trece leguas abajo de la punta de *Cotoch* y a dos leguas de tierra enfrente de *Ekab*.

III

CAUTIVERIO DE GERÓNIMO DE AGUILAR.—EXPEDICIONES DE HERNÁNDEZ DE CÓRDOBA Y GRIJALVA A YUCATÁN

Que los primeros españoles que llegaron a Yucatán, según se dice, fueron Gerónimo de Aguilar, natural de Ecija, y sus compañeros, los cuales, el año de 1511, en el desbarato del Darién por las revueltas entre Diego de Nicuesa y Vasco Núñez de Balboa, siguieron a Valdivia que venía en una carabela a Santo Domingo, a dar cuenta al Almirante y al Gobernador de lo que pasaba, y a traer 20 mil ducados del rey; y que esta carabela, llegando a Jamaica, dio en los bajos que llaman de Víboras donde se perdió, no escapando sino 20 hombres que con Valdivia entraron en un batel sin velas y con unos ruines remos y sin mantenimiento alguno anduvieron trece días por el mar. Después de muertos de hambre casi la mitad, llegaron a la costa de Yucatán, a una provincia que llaman de la Maya, de la cual la lengua de Yucatán se llama *mayathan*, que quiere decir *lengua de maya.*

Que esta pobre gente vino a manos de un mal cacique, el cual sacrificó a Valdivia y a otros cuatro a sus ídolos y después hizo banquetes (con la carne) de ellos a la gente, y que dejó para engordar a Aguilar y a Guerrero y a otros cinco o seis, los cuales quebrantaron la prisión y huyeron por unos montes. Y que aportaron a otro señor enemigo del primero y más piadoso, el cual se sirvió de ellos como de esclavos; y que el que sucedió a este señor los trató con buena gracia, pero que ellos, de dolencia, murieron quedando solos Gerónimo de Aguilar y Gonzalo Guerrero, de los cuales Aguilar era buen cristiano y tenía unas horas por las cuales sabía las fiestas. Y que éste se salvó con la ida del marqués Hernando Cortés, el año de 1519, y que Guerrero, como entendía la lengua, se fue a *Chectemal*, que es la Salamanca de Yucatán, y que allí le recibió un señor llamado *Nachancán*, el cual le dio a cargo las cosas de la guerra en que (est) uvo muy bien, venciendo muchas veces a los enemigos de su señor, y que enseñó a los indios pelear mostrándoles (la manera de) hacer fuertes y bastiones, y que con esto y con tratarse como indio, ganó mucha reputación y le casaron con una muy principal mujer en que hubo hijos; y que por esto nunca procuró salvarse como hizo Aguilar, antes bien labraba su cuerpo, criaba cabello y harpaba las orejas para traer zarcillos como los indios y es creíble que fuese idólatra como ellos.

Que el año de 1517, por cuaresma, salió de Santiago de Cuba Francisco Hernández de Córdoba con tres navíos a rescatar esclavos para las minas, ya que en Cuba se iba apocando la gente. Otros dicen que salió a descubrir tierra y que llevó por piloto a Alaminos y que llegó a la Isla de Mujeres, (a la) que él puso este nombre por los ídolos que allí halló de las diosas de aquella tierra como *Aixchel*, *Ixchebeliax*, *Ixbunic*, *Ixbunieta*, y que estaban vestidas de la cintura abajo y cubiertos los pechos como usan las indias; y que el edificio era de piedra, de que se espantaron, y que hallaron algunas cosas de oro y las tomaron. Y que llegaron a la punta de *Cotoch* y que desde allí dieron vuelta hasta la bahía de Campeche donde desembarcaron (el) domingo de Lázaro, y que por esto la llamaron Lázaro. Y que fueron bien recibidos por el señor, y que los indios se espantaban de ver (a) los españoles y les tocaban las barbas y personas.

Que en Campeche hallaron un edificio dentro del mar, cerca de tierra, cuadrado y gradado todo, y que en lo alto estaba un ídolo con dos fieros animales que le comían las ijadas, y una sierpe larga y gorda de piedra que se tragaba un león; y que los animales estaban llenos de sangre de los sacrificios.

Que desde Campeche entendieron que había cerca un pueblo grande que era Champotón, donde llegados hallaron que el señor se llamaba *Mochcouoh*, hombre belicoso que lanzó a su gente contra los españoles, lo cual pesó a Francisco Hernández viendo en lo que había de parar; y que por no mostrar poco ánimo, puso también su gente en orden e hizo soltar artillería de los navíos; y que aunque a los indios les fue nuevo el sonido, humo y fuego de los tiros, no dejaron de acometer con gran alarido; y los españoles resistieron dando muy fieras heridas y matando a muchos. Pero que el señor animó tanto (a los indios) que hicieron retirar a los españoles y que mataron a veinte, hirieron a cincuenta y prendieron dos vivos que después sacrificaron. Y que Francisco Hernández salió con treinta y tres heridas y que así volvió triste a Cuba, donde publicó que la tierra era muy buena y rica por el oro que halló en la Isla de Mujeres.

Que estas nuevas movieron a Diego Velázquez, gobernador de Cuba, y a otros muchos, y que envió a su sobrino Juan de Grijalva con cuatro navíos y doscientos hombres; y que fue con él Francisco de Montejo cuyo era uno de los navíos, y que partieron el primero de mayo de 1518.

Que llevaron consigo al mismo piloto Alaminos; y llegaron a la isla de *Cuzmil*, desde la cual el piloto vio Yucatán; y como la otra vez, con Francisco Hernández, la había corrido a la mano derecha, quiso bojarla, (para comprobar) si fuere isla, y echó a mano izquierda siguiendo por la bahía que llamaron de la Ascensión porque en tal día entraron en ella; y que dieron la vuelta a toda la costa hasta llegar otra vez a Champotón donde sobre tomar agua les mataron un hombre y les hirieron cincuenta, entre ellos a Grijalva, de dos flechas, y le quebraron diente y medio. Y que así se fueron y nombraron a este puerto el *Puerto de la Mala Pelea*; y en este viaje descubrieron la Nueva España, y Pánuco y Tabasco, y que con esto gastaron cinco meses, y quisieron saltar a tierra en Champotón, lo cual les estorbaron los indios con tanto coraje que en sus canoas entraban hasta cerca de las carabelas a flecharlos, y que así se hicieron a la vela y los dejaron.

Que cuando Grijalva tornó a su descubrimiento y rescate de Tabasco y Ulúa, estaba en Cuba el gran capitán Hernando Cortés, y que oyendo la nueva de tanta tierra y tantas riquezas deseó verlas y aun ganarlas para Dios y para su rey, para sí y para sus amigos.

IV

EXPEDICIÓN DE CORTÉS A CUZMIL.—CARTA A AGUILAR Y SUS COMPAÑEROS

Que Hernando Cortés salió de Cuba con once navíos de los cuales el mayor era de cien toneladas, y que puso en ellos once capitanes siendo él uno de ellos; y que llevaba quinientos hombres y algunos caballos, y mercancías para rescatar, y a Francisco de Montejo y al dicho piloto Alaminos, piloto mayor de la armada; y que puso en su nao capitana una bandera de fuegos blancos y azules en reverencia a Nuestra Señora, cuya imagen, con la cruz, ponía siempre donde quitaba ídolos; y que en la bandera había una cruz colorada con un letrero en torno que decía: *amici sequamur crucem, & si nos habuerimus fidem in hoc signo vincemus*.

Que con esta flota y no más aparato partió y que llegó a *Cuzmil* con diez navíos porque el otro se le apartó con una tormenta, y que después le recobró en la costa. Que la llegada a *Cuzmil* fue por la parte del norte y halló buenos edificios de piedra para los ídolos y un buen pueblo, y que la gente viendo tanto navío y salir los soldados a tierra, huyó a los montes.

Que llegados los españoles al pueblo lo saquearon y se aposentaron en él, y que buscando gente por el monte toparon con la mujer del señor y con sus hijos, de los cuales, con

Melchor, intérprete indio que había ido con Francisco Hernández y con Grijalva, supieron que era la mujer del señor, a la cual y a sus hijos regaló mucho Cortés e hizo enviasen a llamar al señor, al cual venido trató muy bien y le dio algunos dones y le entregó su mujer e hijos y todas las cosas que por el pueblo se habían tomado; y que le rogó que hiciese venir a los indios a sus casas, y que venidos les hizo restituir a cada uno lo que era suyo; y que después de asegurados les predicó la vanidad de los ídolos y les persuadió que adorasen la cruz, y que la puso en sus templos con una imagen de Nuestra Señora, y que con esto terminaba la idolatría pública.

Que Cortés supo allí que unos hombres barbados estaban camino de seis soles en poder de un señor y que persuadió a los indios que los fuesen a llamar; y que halló quien fuese, aunque con dificultades, porque tenían miedo al señor de los barbados. Y escribióles esta carta:

"Nobles señores: yo partí de Cuba con once navíos de armada y quinientos españoles, y llegué aquí, a *Cuzmil*, desde donde os escribo esta carta. Los de esta isla me han certificado que hay en esa tierra cinco o seis hombres barbados y en todo a nosotros muy semejables. No me saben decir otras señas, mas por éstas conjeturo y tengo por cierto que sois españoles. Yo y estos hidalgos que conmigo vienen a poblar y descubrir estas tierras, os rogamos mucho que dentro de seis días que recibiereis esta, os vengáis para nosotros sin poner otra dilación ni excusa. Si viniereis, conoceremos y gratificaremos la buena obra que de vosotros recibirá esta armada. Un bergantín envío para que vengáis en él, y dos naos para seguridad."

Que los indios llevaron esta carta envuelta en el cabello y la dieron a Aguilar, y que los navíos, porque tardaban los indios más del tiempo del plazo, creyeron que los habrían muerto y se volvieron al puerto de *Cuzmil*; y que Cortés, sabiendo que ni los indios ni los barbados tornaban, se hizo al otro día a la vela. Mas aquel día se les abrió un navío y les fue necesario tornar al puerto; y que estando aderezando (el navío), Aguilar, recibida la carta, atravesó en una canoa el canal entre Yucatán y *Cuzmil* y que viéndole los de la armada fueron a ver quién era; y que Aguilar les preguntó si eran cristianos y respondiéndole que sí, y españoles, lloró de placer y puestas las rodillas en tierra dio gracias a Dios y preguntó a los españoles si era miércoles.

Que los españoles lo llevaron a Cortés así desnudo como venía, el cual le vistió y mostró mucho amor; y que Aguilar contó allí su pérdida y trabajos y la muerte de sus compañeros y cómo fue imposible avisar a Guerrero en tan poco tiempo por estar (a) más de ochenta leguas de allí.

Que con este Aguilar que era muy buen intérprete, tornó Cortés a predicar la adoración de la cruz y quitó los ídolos de los templos, y dicen que hizo esta predicación de Cortés tanta impresión en los de *Cuzmil*, que salían a la playa diciendo a los españoles que por allí pasaban: *María, María; Cortés, Cortés.*

Que partió Cortés de allí y que tocó de paso en Campeche y no paró hasta Tabasco, donde entre otras cosas e indias que le presentaron los de Tabasco, le dieron una india que después se llamó Marina, la cual era de Xalisco, hija de padres nobles y hurtada de pequeña y vendida en Tabasco; y que de ahí la vendieron también en Xicalango y Champotón donde aprendió la lengua de Yucatán, con la cual se vino a entender Aguilar, y que así proveyó Dios a Cortés de buenos y fieles intérpretes, por donde vino a tener noticia y entrada en las cosas de México, de las cuales la Marina sabía mucho por haber tratado con mercaderes indios y gente principal que hablaban de esto cada día.

V

PROVINCIAS DE YUCATÁN. – LOS PRINCIPALES EDIFICIOS ANTIGUOS

Que algunos viejos de Yucatán dicen haber oído a sus (ante) pasados que pobló aquella tierra cierta gente que entró por levante, a la cual había Dios librado abriéndoles doce caminos por el mar, lo cual, si fuese verdad, era necesario que viniesen (de) judíos todos los de las Indias, porque pasado el estrecho de Magallanes se habían de ir extendiendo más de dos mil leguas de tierra que hoy gobierna España.

Que la lengua de esta tierra es toda una, y que esto aprovechó mucho para su conversión aunque en las costas hay alguna diferencia en vocablos y en el tono de hablar; y que así los de la costa son más pulidos en su trato y lengua; y que las mujeres cubren los pechos, y las de más adentro no.

Que esta tierra está partida en provincias sujetas a los pueblos de españoles. Que la provincia de *Chectemal y Bachalal*, está sujeta a Salamanca; las provincias de *Ekab y Cochuah* y la de *Kupul*, están sujetas a Valladolid; la de *Ah Kin Chel e Izamal*, la de *Zotuta*, la de *Hocabai Humun*, la de *Tutuxiú*, la de *Cehpech* y la de *Chakan*, están sujetas a la ciudad de Mérida; la de *Camol*, *Campech*, *Champutun* y *Tixchel*, acuden a San Francisco de Campeche.

Que en Yucatán hay muchos edificios de gran hermosura que es la cosa más señalada que se ha descubierto en las Indias, todos de cantería muy bien labrada sin haber ningún género de metal en ella con que se pudiesen labrar.

Que están estos edificios muy cerca unos de otros y que son templos, y que la razón de haber tantos es por mudarse las poblaciones muchas veces; y que en cada pueblo labraban un templo por el gran aparejo que hay de piedra y cal y cierta tierra blanca excelente para edificios. Que estos edificios no son hechos por otras naciones sino por indios, lo cual se ve por hombres de piedra desnudos y honestados de unos largos listones que llaman en su lengua *ex* y de otras divisas que los indios traen.

Que estando este religioso, autor de esta obra, en aquella tierra, se halló en un edificio que desbarataron, un cántaro grande con tres asas, pintado de unos fuegos plateados por de fuera, y dentro ceniza de cuerpo quemado y algunos huesos de los brazos y piernas, muy gruesos a maravilla, y tres cuentas de piedra buenas de las que usaban los indios por moneda.

Que estos edificios de *Yzamal* eran once o doce por todos sin haber memoria de los fundadores; y que en uno de ellos, a instancia de los indios, se pobló un monasterio el año de 1549, que se llamo San Antonio.

Que los segundos edificios más principales son los de *Tikoch* y *Chichenizá*, los cuales se pintarán después.

Que *Chichenizá* es un asiento muy bueno a diez leguas de *Izamal* y once de Valladolid, donde dicen que reinaron tres señores hermanos que vinieron a aquella tierra de la parte poniente, los cuales eran muy religiosos y que así edificaron muy lindos templos. Y que vivieron sin mujeres muy honestamente, y que el uno de éstos se murió o se fue, por lo cual los otros se hicieron parciales y deshonestos, y que por ello los mataron.

La pintura del edificio mayor pintaremos después, y (d) escribiremos la manera del pozo donde echaban hombres vivos en sacrificio y otras cosas preciosas. (El pozo) tiene más de siete estados de hondo hasta el agua y mucho más de cien pies, hecho redondo en una peña tajada que es maravilla y el agua parece verde: dicen que lo causa la arboleda de que está cercado.

VI

KUKULCÁN. – FUNDACIÓN DE MAYAPÁN

Que es opinión entre los indios que con los *Yzaes* que poblaron *Chichenizá*, reinó un gran señor llamado *Cuculcán*, y que muestra ser esto verdad el edificio principal que se llama *Cuculcán*; y dicen que entró por la parte de poniente y que difieren en si entró antes o después de los *Yzaes* o con ellos, y dicen que fue bien dispuesto y que no tenía mujer ni hijos; y que después de su vuelta fue tenido en México por uno de sus dioses y llamado *Cezalcuati* y que en Yucatán también lo tuvieron por dios por ser gran republicano, y que esto se vio en el asiento que puso en Yucatán después de la muerte de los señores para mitigar la disensión que sus muertes causaron en la tierra.

Que este *Cuculcán* tornó a poblar otra ciudad tratando con los señores naturales de la tierra que él y ellos viniesen (a la ciudad) y que allí viniesen todas las cosas y negocios; y que para esto eligieron un asiento muy bueno a ocho leguas más adentro en la tierra que donde ahora está Mérida, y quince o dieciséis del mar; y que allí cercaron de una muy ancha pared de piedra seca como medio cuarto de legua dejando sólo dos puertas angostas y la pared no muy alta, y en el medio de esta cerca hicieron sus templos; y que el mayor, que es como el de *Chichenizá*, llamaron Cuculcán; y que hicieron otro redondo y con cuatro puertas, diferente a cuantos hay en aquella tierra, y otros a la redonda, juntos unos de otros; y que dentro de este cercado hicieron casas para los señores, entre los cuales solamente repartieron la tierra dando pueblos a cada uno conforme a la antigüedad de su linaje y ser de su persona. Y que *Cuculcán* puso nombre a la ciudad, no el suyo, como hicieron los *Ahizaes* en *Chichenizá*, que quiere decir *pozo de los aizaes*, mas llamóla *Mayapán* que quiere decir *el pendón de la Maya*, porque a la lengua de la tierra llaman *maya*; y los indios llaman *Ychpa* (a la ciudad), que quiere decir *dentro de las cercas.*

Que este *Cuculcán* vivió con los señores algunos años en aquella ciudad y que dejándolos en mucha paz y amistad se tornó por el mismo camino a México, y que de pasada se detuvo en Champotón, y que para memoria suya y de su partida, hizo dentro del mar un buen edificio al modo de *Chichenizá*, a un gran tiro de piedra de la ribera, y que así dejó *Cuculcán* perpetua memoria en Yucatán.

VII

GOBIERNO, SACERDOCIO, CIENCIAS, LETRAS Y LIBROS DE YUCATÁN

Que partido *Cuculcán*, acordaron los señores, para que la república durase, que el mando principal lo tuviese la casa de los *Cocomes* por ser la más antigua y más rica y por ser el que la regía entonces hombre de más valor; y que hecho esto ordenaron que pues en el cercado no había sino templos y casas para los señores y gran sacerdote, que se hiciesen casas fuera de la cerca donde cada uno de ellos pusiese alguna gente de servicio y donde los de sus pueblos acudiesen cuando viniesen a la ciudad con negocios; y que en estas casas puso cada uno su mayordomo, el cual traía por señal una vara gorda y corta y que le llamaban *Caluac* y que este mayordomo tenía cuenta de los pueblos y de quiénes los regían y que ellos se enviaban aviso de lo que era menester en casa del señor, como aves, maíz, miel, sal, pesca, caza, ropas y otras cosas, y que el *Culuac* acudía siempre a la casa del Señor y veía lo que era menester en ella y lo proveía luego, porque su casa era como oficina de su señor.

Que acostumbraban buscar en los pueblos (a) los mancos y ciegos y les daban lo necesario.

Que los señores proveían (a los pueblos) de gobernadores y si les eran adeptos confirmaban en sus hijos los oficios; y que les encomendaban el buen tratamiento de la gente menuda y la paz del pueblo y el ocuparse en trabajar para que se sustentasen ellos y los señores.

Que todos los señores tenían cuenta con respetar, visitar y alegrar a *Cocom* acompañándole y festejándole y acudiendo a él con los negocios arduos, y que entre sí vivían muy en paz y en mucho pasatiempo como ellos lo usan, en bailes, convites y caza.

Que los de Yucatán fueron tan curiosos en las cosas de la religión como en las del gobierno y que tenían un gran sacerdote que llamaron *Ah Kin May*, y por nombre *Ahau Can May*, que quiere decir *el (gran) sacerdote May*, que era muy reverenciado de los señores, el cual tenía repartimiento de indios y que además de las ofrendas, los señores le hacían presentes y que todos los sacerdotes de los pueblos le contribuían; y que a éste le sucedían en la dignidad sus hijos o parientes más cercanos, y que en esto estaba la llave de sus ciencias, y que en éstas trataban lo más, y que daban consejo a los señores y respuestas a sus preguntas, y que (las) cosas de los sacrificios pocas veces las trataban si no (era) en fiestas muy principales o en negocios muy importantes; y que éstos proveían de sacerdotes a los pueblos cuando faltaban, examinándolos en sus ciencias y ceremonias y que les encargaban de las cosas de sus oficios y el buen ejemplo del pueblo, y proveían de sus libros; (además) atendían al servicio de los templos y a enseñar sus ciencias y escribir libros de ellas.

Que enseñaban a los hijos de los otros sacerdotes y a los hijos segundos de los señores que les llevaban para esto desde niños, si veían que se inclinaban a este oficio.

Que las ciencias que enseñaban eran la cuenta de los años, meses y días, las fiestas y ceremonias, la administración de sus sacramentos, los días y tiempos fatales, sus maneras de adivinar, remedios para los males, las antigüedades, leer y escribir con sus letras y caracteres en los cuales escribían con figuras que representaban las escrituras.

Que escribían sus libros en una hoja larga doblada con pliegues que se venía a cerrar toda entre dos tablas que hacían muy galanas, y que escribían de una parte y de otra a columnas, según eran los pliegues; y que este papel lo hacían de las raíces de un árbol y que le daban un lustre blanco en que se podía escribir bien, y que algunos señores principales sabían de estas ciencias por curiosidad, y que por esto eran más estimados aunque no las usaban en público.

VIII

LLEGADA DE LOS TUTUL-XIU Y ALIANZA QUE HICIERON CON LOS SEÑORES DE MAYAPÁN. – TIRANÍAS DE COCOM, RUINA DE SU PODER Y DE LA CIUDAD DE MAYAPÁN

Que cuentan los indios que de la parte del mediodía vinieron a Yucatán muchas gentes con sus señores, y que parecen haber venido de Chiapas aunque los indios no lo saben; mas este autor lo conjetura porque muchos vocablos y composiciones de verbos son los mismos en Chiapas que en Yucatán; y hay grandes señales en la parte de Chiapas de lugares que han sido despoblados; y dicen que estas gentes anduvieron cuarenta años por los despoblados de Yucatán sin haber en ellos agua sino la que llueve; y que al fin de este tiempo aportaron a las sierras que caen algo enfrente de la ciudad de *Mayapán*, a diez leguas de ella, y que allí comenzaron a poblar y hacer muy buenos edificios en muchas partes; y que los de *Mayapán* tomaron mucha amistad con ellos y holgaron de que labrasen la tierra como naturales y que así estos *Tutu Xiú* se sujetaron a las leyes de *Mayapán* y emparentaron unos con otros; y que como el señor *Xiú*, de los *Tutu Xiues*, era tal, vino a ser muy estimado de todos.

Que estas gentes vivieron tan quietamente que no había pleito ninguno, ni usaban armas ni arcos aun para la caza, siendo ahora excelentes flecheros, y que sólo usaban lazos y trampas con los que tomaban mucha caza; y que los sacerdotes tenían cierto arte de tirar varas con un palo grueso como de tres dedos agujerado hacia la tercera parte y de seis palmos de largo y que con él y unos cordeles tiraban fuerte y certeramente.

Que tenían leyes contra los delincuentes y las aplicaban mucho, como contra el adúltero a quien entregaban al ofendido para que le matase soltándole una piedra grande desde lo alto sobre la cabeza, o lo perdonase si quería; y que a las adúlteras no daban otra pena más que la infamia, que entre ellos era cosa muy grave; y al que forzase doncella lo mataban a pedradas; y cuentan un caso: que el señor de los *Tutu-xiues* tenía un hermano que fue acusado de este crimen, y le hizo apedrear y después cubrir de un gran montón de piedras; y tenían otra ley antes de la población de esta ciudad, que mandaba sacar las tripas por el ombligo a los adúlteros.

Que el gobernador *Cocom* entró en codicia de riquezas, y que para esto trató con la gente de guarnición que los reyes de México tenían en Tabasco y Xicalango prometiéndoles entregarles la ciudad, y que así trajo gente mexicana a *Mayapán* y oprimió a los pobres e hizo muchos esclavos; y los señores le hubieran matado si no hubiesen tenido miedo a los mexicanos. Que el señor de los *Tutuxiues* nunca consintió en esto y que viéndose (oprimidos) los de Yucatán, aprendieron de los mexicanos el arte de las armas y así salieron maestros del arco y flecha y de la lanza y hachuela, y sus rodelas y sacos fuertes de sal y algodón y de otros pertrechos de guerra, y que ya no se admiraban de los mexicanos ni los temían, antes (bien) hacían poca cuenta de ellos. Y que en esto pasaron algunos años.

Que aquel *Cocom* fue el primero que hizo esclavos, pero que de este mal (se) siguió usar las armas con que se defendieron para que no fuesen esclavos todos.

Que entre los sucesores de la casa de *Cocom* hubo uno muy orgulloso e imitador de *Cocom*, y éste hizo otra liga con los de Tabasco y metió más mexicanos dentro de la ciudad y comenzó a tiranizar y a hacer esclavos a la gente menuda y que por esto se juntaron los señores en el bando de *Tutu Xiú*, que era gran republicano como sus (ante) pasados, y se concertaron para matar a *Cocom* y así lo hicieron, matando a todos sus hijos sin dejar más que uno que estaba ausente, y saquearon sus casas y tomaron las heredades que tenía en cacao y otras frutas, diciendo que con ellas se pagaban de lo que les había robado; y que duraron tanto los bandos entre los *Cocomes* —que decían ser echados injustamente—, y los *Xiues*, que después de haber estado en aquella ciudad más de 500 años la desampararon y despoblaron, yéndose cada uno a su tierra.

IX

MONUMENTOS CRONOLÓGICOS DE MAYAPÁN. —FUNDACIÓN DEL REINO DE ZOTUTA. — ORIGEN DE LOS CHELES. — LOS TRES REINOS PRINCIPALES DE YUCATÁN

Que conforme a la cuenta de los indios, hará 120 años que se despobló *Mayapán*, y que se hallan en la plaza de aquella ciudad siete u ocho piedras de a diez pies de largo cada una, redondas por una parte, bien labradas, y que tienen algunos caracteres que ellos usan y que, desgastados por el agua, no se pueden leer; mas piensan que es memoria de la fundación y destrucción de aquella ciudad. Otras semejantes están en *Zilán*, pueblo de la costa, aunque más altas, y preguntados los naturales qué cosa eran, respondieron que acostumbraban erigir de 20 en 20 años, que es el número que tienen que contar de edades, una piedra de aquellas. Mas parece (que esta explicación) no lleva camino, porque según esto habrían muchas más, principalmente que no las hay en otros pueblos sino en *Mayapán* y *Zilán*.

Que lo principal que (se) llevaron a sus tierras estos señores que desampararon *Mayapán* fueron los libros de sus ciencias porque siempre fueron muy sujetos a los consejos de sus sacerdotes, y que por esto hay tantos templos en aquellas provincias.

Que el hijo de *Cocom* que escapó de la muerte por estar ausente en sus contrataciones en tierra de Ulúa, que es adelante de la villa de Salamanca, al saber la muerte de su padre y el desbarato de la ciudad, vino muy presto y se juntó con los parientes y vasallos y pobló un lugar que llamó *Tibulón*, que quiere decir *jugados fuimos*; y que edificaron otros muchos pueblos en aquellos montes reuniéndose (allí) muchas familias de estos *Cocomes*. La provincia donde manda este señor se llama *Zututa*.

Que estos señores de *Mayapán* no tomaron venganza de los mexicanos que ayudaron a *Cocom* porque fueron persuadidos por el gobernador de la tierra y porque eran extranjeros; y que así los dejaron dándoles facultades para que poblasen un pueblo apartado, para sí solos, o se fuesen de la tierra no pudiéndose casar con las naturales de ella, sino entre ellos. Y que escogieran quedarse en Yucatán y no volver a las lagunas y mosquitos de Tabasco, y poblaron la provincia de *Canul* que les fue señalada y que allí duraron hasta las segundas guerras de los españoles.

Dicen que entre los doce sacerdotes de *Mayapán* hubo uno muy sabio que tuvo una sola hija a quien casó con un mancebo noble llamado *Ah Chel*, el cual hubo hijos que se llamaron como el padre conforme a la usanza de esta tierra; y dicen que este sacerdote avisó a su yerno de la destrucción de aquella ciudad y que éste supo mucho en las ciencias de su suegro, el cual, dicen, le escribió ciertas letras en la tabla del brazo izquierdo, de gran importancia para ser estimado; y con esta gracia pobló en la costa hasta que vino a hacer asiento en *Tikoch* siguiéndole gran número de gentes, y que así fue muy insigne población aquella de los *Cheles*, y poblaron la más insigne provincia de Yucatán, a la cual llamaron, por aquel nombre, la provincia de *Ah Kin Chel*, y es la de *Ytzamal*, donde residieron estos *Cheles* y se multiplicaron en Yucatán hasta la entrada del adelantado Montejo.

Que entre las tres casas de señores principales, que eran los *Cocomes*, *Xiues*, y *Cheles*, hubo grandes bandos y enemistades y hoy en día, con ser cristianos, aún las hay. Los *Cocomes* decían a los *Xiues* que eran extranjeros y traidores al matar a su señor principal robándole su hacienda. Los *Xiues* se decían tan buenos como ellos, tan antiguos y tan señores, y que no fueron traidores sino libertadores de la patria matando al tirano. El *Chel* decía que era tan bueno como ellos en linaje, por ser nieto de un sacerdote, el más estimado de *Mayapán*, y que por su persona era mejor que ellos pues había sabido hacerse tan señor como ellos, y que con esto se hacían desabrimiento en los mantenimientos porque el *Chel*, que estaba en la costa, no quería dar pescado ni sal al *Cocom*, haciéndole ir lejos por ello, y el *Cocom* no dejaba sacar caza ni frutas al *Chel*.

X

VARIAS CALAMIDADES SUFRIDAS EN YUCATÁN EN EL SIGLO ANTERIOR A LA CONQUISTA: HURACANES, PESTILENCIAS, GUERRAS, ETC.

Que estas gentes tuvieron más de 20 años de abundancia y de salud y se multiplicaron tanto que toda la tierra parecía un pueblo; y que entonces se labraron los templos en tanta muchedumbre como se ve hoy en día por todas partes, y que atravesando los montes se ven entre la arboleda asientos de casas y edificios labrados a maravilla.

Que después de esta felicidad, una noche, por invierno, vino un aire como a las seis de la tarde y fue creciendo, y haciéndose huracán de cuatro vientos, y que este aire derribó todos los árboles crecidos, lo cual hizo gran matanza en todo género de caza y derribó las casas altas, las cuales, como son de paja y tenían lumbre dentro por el frío, se incendiaron y abrasaron a gran parte de la gente; y si algunos escapaban quedaban hechos pedazos de los golpes de la madera; y que duró este huracán hasta el otro día a las doce en que se vio que habían escapado quienes moraban en casas pequeñas, entre ellos los mozos recién casados que allá acostumbraban hacer unas casillas enfrente de las de sus padres o suegros donde moran los primeros años; y que así perdió la tierra el nombre a la que solían llamar *de los venados y de los pavos*, y tan sin árboles quedó, que los que ahora hay parece que se plantaron juntos según están nacidos a la igual, pues mirando la tierra desde algunas partes altas, parece que toda está cortada con una tijera.

Que quienes escaparon se animaron a edificar y cultivar la tierra y se multiplicaron mucho viniéndoles 16 años de salud y buenos temporales y que el último fue el más fértil de todos; y que queriendo comenzar a coger los frutos sobrevinieron por toda la tierra unas calenturas pestilenciales que duraban 24 horas, y después de cesadas se hinchaban (los enfermos) y reventaban llenos de gusanos, y que con esta pestilencia murió mucha gente y gran parte de los frutos quedó sin coger.

Que después de cesada la peste tuvieron otros 16 años buenos en los cuales se renovaron las pasiones y bandos, de manera que murieron en batallas ciento cincuenta mil hombres y que con esta matanza se sosegaron e hicieron la paz y descansaron por 20 años, después de los cuales les dio una peste de grandes granos que les pudrían el cuerpo con gran hedor, de manera que se les caían los miembros a pedazos en tres o cuatro días. Que habrá que pasó esta última plaga más de 50 años y que la mortandad de la guerra fue 20 años antes y la peste de la hinchazón y gusanos sería 16 años antes de las guerras y el huracán otros 16 antes que ésta y 22 ó 23 después de la destrucción de la ciudad de *Mayapán*. Que según esta cuenta, hace 125 años que se desbarató (la ciudad), dentro de los cuales años los de esta tierra han pasado las dichas miserias y otras muchas que comenzaron al entrar en ella los españoles, así por guerras como por otros castigos que Dios envía; de manera que es maravilla haber la gente que hay, aunque no es mucha.

XI

PROFECÍAS DE LA LLEGADA DE LOS ESPAÑOLES. – BIOGRAFÍA DE FRANCISCO DE MONTEJO, PRIMER ADELANTADO DE YUCATÁN

Que como la gente mexicana tuvo señales y profecías de la venida de los españoles y de la cesación de su mando y religión, también las tuvieron los de Yucatán algunos años antes que el adelantado Montejo los conquistase; y que en las sierras de *Maní*, que es en la provincia de *Tutu Xiu*, un indio llamado *Ah Cambal*, de oficio *Chilam*, que es el que tiene a su cargo dar las respuestas del demonio, les dijo públicamente que pronto serían señoreados por gente extranjera, y que les predicarían un Dios y la virtud de un palo que en su lengua llaman *Vamonché*, que quiere decir *palo enhiesto de gran virtud contra los demonios*.

Que el sucesor de los *Cocomes*, llamado don Juan Cocom, después de bautizado, fue hombre de gran reputación y muy sabio en sus cosas y bien sagaz y entendido en las naturales; y fue muy familiar del autor de este libro, fray Diego de Landa, y le contó muchas antigüedades y le mostró un libro que fue de su abuelo, hijo del *Cocom* que mataron en *Mayapán*, y en él estaba pintado un venado; y que aquel su abuelo le había dicho que cuando en aquella tierra entrasen venados grandes, que así llamaban a las vacas, cesaría el culto de los Dioses; y que se había cumplido porque los españoles trajeron vacas grandes.

Que el adelantado Francisco de Montejo fue natural de Salamanca y que pasó a las Indias después de poblada la ciudad de Santo Domingo y la Isla Española, habiendo estado primero algún tiempo en Sevilla donde dejó un niño que allí hubo; y que vino a la ciudad de Cuba donde ganó de comer y tuvo muchos amigos por su buena condición y entre ellos fueron Diego Velázquez, gobernador de la Isla, y Hernando Cortés; y que como el gobernador determinó enviar a Juan de Grijalva, su sobrino, a rescatar a tierras de Yucatán y a descubrir más tierra después de la nueva que Francisco Hernández de Córdoba trajo cuando la descubrió, diciendo que era tierra rica, determinó que Montejo fuese con Grijalva. (Montejo) como era rico, puso uno de los navíos y muchos bastimentos y fue así de los segundos españoles que descubrieron a Yucatán. Y que vista la costa de Yucatán tuvo deseos de enriquecerse allí antes que en Cuba, y vista la determinación de Hernando Cortés, le siguió con su hacienda y persona y Cortés le dio un navío a su cargo haciéndole capitán de él. Que en Yucatán recogieron a Gerónimo de Aguilar de quien Montejo entendió la lengua de aquella tierra y sus cosas, y que llegado Cortés a la Nueva España comenzó a poblar y al primer pueblo llamó la Vera-cruz conforme al blasón de su bandera; y que en este pueblo fue Montejo nombrado Alcalde del Rey, cargo en que se mantuvo discretamente y así lo publicó por tal Cortés cuando tomó por allí después del camino que hizo navegando la tierra a la redonda, y que por esto lo envió a España como uno de los procuradores de la Nueva España y para que llevase el quinto del rey con una relación de la tierra descubierta y de las cosas que comenzaban a hacerse en ella.

Que cuando Francisco de Montejo llegó a la corte de Castilla, era Presidente del Consejo de Indias Juan Rodríguez de Fonseca, obispo de Burgos, quien estaba mal informado contra Cortés por parte de Diego Velázquez, gobernador de Cuba, que pretendía también lo de Nueva España; y que estaban los más del Consejo contra los negocios de Cortés (diciendo) que parecía que no enviaba dineros al Rey sino que se los pedía y que sabiendo que el Emperador estaba en Flandes, por eso se negociaba mal. (Montejo) perseveró siete años desde que salió de las Indias, que fue en 1519, hasta que se embarcó, que fue en 26, y que con esta perseverancia recusó al Presidente y al Papa Adriano que era gobernador (del Reyno) y habló al emperador, lo cual aprovechó mucho, pues se despachó lo de Cortés como era de razón.

XII

MONTEJO NAVEGA A YUCATÁN Y TOMA POSESIÓN DE LA TIERRA. – LOS CHELES LE CONCEDEN EL ASIENTO DE CHICHEN ITZÁ. – LOS INDIOS LE OBLIGABAN A QUE LOS DEJE

Que en este tiempo que Montejo estuvo en la corte negoció para sí la conquista de Yucatán aunque pudo haber negociado otras cosas; le dieron el título de adelantado y se vino a Sevilla llevando a un sobrino suyo de trece años de edad y de su mismo nombre, y en Sevilla halló a su hijo de 28 años a quien llevó consigo. Trató palabras de casamiento con una señora de Sevilla, viuda rica, y así pudo juntar 500 hombres a quienes embarcó en tres navíos. Siguió su viaje y aportó a *Cuzmil*, isla de Yucatán, donde los indios no se alteraron porque estaban domesticados con los españoles de Cortés, y que allí procuró saber muchos vocablos de los indios para entenderse con ellos, y que de allí navegó a Yucatán y tomó posesión diciendo un alférez suyo con la bandera en la mano: "en nombre de Dios tomo la posesión de esta tierra por Dios y por el rey de Castilla".

Que de esta manera se fue costa abajo, que estaba bien poblada, hasta llegar a *Conil*, pueblo de aquella costa, y que los indios se espantaban de ver tantos caballos y gente, y que dieron aviso a toda la gente de lo que pasaba, y esperaban (ver) el fin que tenían los españoles.

Que los indios señores de la provincia de *Chicaca* vinieron al adelantado, a visitarle en son de paz y fueron bien recibidos; entre ellos había un hombre de grandes fuerzas, quien quitó un alfange a un negrillo que lo llevaba detrás de su amo y quiso matar con él al adelantado quien se defendió (hasta que) se llegaron los españoles y comprendieron que era menester andar sobre aviso.

Que el adelantado procuró saber cuál era la mayor población y supo que la de *Tekoch* en donde eran señores los *Cheles*, la cual estaba en la costa tierra abajo por el camino que los españoles llevaban; y que los indios, pensando que caminaban para salirse de la tierra, no se alteraban ni les estorbaban el camino y de esta manera llegaron a *Tekoch* al que hallaron pueblo mayor y mejor de lo que habían pensado. (Y el adelantado) fue dichoso de que no fuesen señores de aquella tierra los *Couohes*, de Champotón, que siempre fueron de más coraje que los *Cheles*, quienes con el sacerdocio que les dura hasta hoy no son tan orgullosos como otros y por ello concedieron al adelantado que pudiese hacer un pueblo para su gente y les dieron para ello el asiento de *Chichenizá*, a siete leguas de allí, que es muy excelente, y que desde allí fue conquistando la tierra lo cual hizo fácilmente porque los de *Ah Kin Chel* no le resistieron y los de *Tutu Xiu* le ayudaron; y con esto, los demás hicieron poca resistencia.

Que de esta manera pidió el adelantado gente para edificar (en) *Chichenizá* y en breve edificó un pueblo haciendo las casas de madera y la cobertura de ciertas palmas y paja larga, al uso de los indios. Y se fue viendo que los indios servían sin pesadumbre. Contó la gente de la tierra, que era mucha, y repartió los pueblos entre los españoles y, según dicen, a quien menos cabía alcanzaban dos o tres mil indios de repartimiento; y así comenzó a dar orden a los naturales de cómo habían de servir a aquella ciudad, (cosa) que no agradó mucho a los indios, aunque disimularon por entonces.

XIII

MONTEJO DEJA YUCATÁN CON SU GENTE Y VA A MEXICO. — SU HIJO FRANCISCO DE MONTEJO, PACIFICA DESPUÉS LA TIERRA

Que el adelantado Montejo no pobló a propósito de quien tiene enemigos porque estaba muy lejos del mar para tener entrada y salida a México y para las cosas de España; y que a los indios, pareciéndoles cosa dura servir a extranjeros (allí) donde ellos eran señores, comenzaron a ofenderle por todas partes; y aunque él se defendía con sus caballos y gente, y les mataba muchos, los indios se reforzaban cada día de manera que les vino a faltar la comida. Que al fin una noche dejaron la ciudad poniendo a un perro atado al badajo de la campana y un poco de pan apartado para que no lo pudiese alcanzar, y el mismo día cansaron a los indios con escaramuzas para que no los siguiesen y el perro repicaba la campana para alcanzar el pan, lo cual maravilló mucho a los indios pensando que querían salir por ellos; mas después de sabido quedaron corridos de la burla y acordaron seguir a los españoles por muchas partes porque no sabían el camino que llevaban. La gente que fue por aquel camino alcanzó a los españoles dándoles mucha grita, como a gente que huía, por lo cual seis de a caballo los esperaron en un raso y alancearon a muchos de ellos. Uno de los indios asió a un caballo por la pierna y le derribó como si fuese un carnero. Los españoles llegaron a *Zilán* que era muy hermoso pueblo cuyo señor era un mancebo de los *Cheles*, ya cristiano y amigo de los españoles, quien los trató muy bien. *Zilán* estaba muy cerca de *Ticokh* la que, con todos los pueblos de aquella costa, estaba (sometida) a la obediencia de los *Cheles*; y así les dejaron estar seguros algunos meses.

Que el adelantado viendo que desde allí no se podía socorrer de las cosas de Nueva España, y que si los indios les atacaban serían perdidos, acordó irse a Campeche y (de allí) a México, dejando a Yucatán sin gente. Había desde *Zilán* a Campeche cuarenta y ocho leguas muy pobladas de gente. Dieron parte a *Vamux Chel*, señor de *Zilán*, y él se ofreció a asegurarles el camino y acompañarlos. El adelantado trató con el tío de éste, que era señor de *Yobain*, que le diese dos hijos bien dispuestos que tenía para que le acompañasen, de manera que con tres mancebos primos hermanos, dos en colleras y el de *Zilán* a caballo, llegaron seguros a Campeche donde fueron recibidos en paz. Los *Cheles* se despidieron y volviendo a sus pueblos cayó muerto el de *Zilán*. Desde allí partieron para México donde Cortés había señalado repartimiento de indios al adelantado, aunque estaba ausente.

Que llegado el adelantado a México con su hijo y sobrino, llegó luego en busca suya doña Beatriz de Herrera, su mujer, y una hija que en ella tenía llamada doña Catalina de Montejo. El adelantado se había casado clandestinamente en Sevilla con doña Beatriz de Herrera y dicen algunos que la negaba, pero don Antonio de Mendoza, Virrey de la Nueva España, se puso de por medio y así la recibió y a él lo envió el mismo Virrey por gobernador de Honduras donde casó a su hija con el licenciado Alonso Maldonado, Presidente de la Audiencia de los Confines; y que después de algunos años le pasaron a Chiapas desde donde envió a su hijo a Yucatán, con poderes, y lo conquistó y pacificó.

Que este don Francisco, hijo del adelantado, se crió en la corte del rey católico y le trajo su padre cuando volvió a las

Indias, a la conquista de Yucatán, y de allí fue con él a México; y que el Virrey don Antonio y el marqués don Hernando Cortés le quisieron bien y fue con el marqués a la jornada de California. Y que tornado, le proveyó el Virrey para regir Tabasco y se desposó con una señora llamada doña Andrea del Castillo, que había pasado doncella a México con parientes suyos.

XIV

ESTADO DE YUCATÁN DESPUÉS DE LA SALIDA DE LOS ESPAÑOLES. – DON FRANCISCO, HIJO DEL ADELANTADO, RESTABLECE EL GOBIERNO ESPAÑOL EN YUCATÁN

Que salidos los españoles de Yucatán faltó el agua en la tierra y que por haber gastado sin orden su maíz en las guerras de los españoles, les sobrevino gran hambre; tanta, que vinieron a comer cortezas de árboles, en especial uno que llaman *cumché*, que es fofo y blando por dentro. Que por esta hambre, los *Xiues*, que son los señores de *Maní*, acordaron hacer un sacrificio solemne a los ídolos llevando ciertos esclavos y esclavas a echar en el pozo de *Chichenizá*. Mas como habían de pasar por el pueblo de los señores *Cocomes*, sus capitales enemigos, y pensando que en tal tiempo se renovarían las viejas pasiones, les enviaron a rogar que los dejasen pasar por su tierra. Los *Cocomes* los engañaron con buena respuesta y dándoles posada a todos juntos en una gran casa les pegaron fuego y mataron a los que escabapan; y por esto hubo grandes guerras. (Además) se les recreció la langosta por espacio de cinco años, que no les dejaba cosa verde; y vinieron a tanta hambre que se caían muertos por los caminos, de manera que cuando los españoles volvieron no conocían la tierra aunque con otros cuatro años buenos después de la langosta, se había mejorado algo.

Que este don Francisco se partió para Yucatán por los ríos de Tabasco y entró por las lagunas de Dos Bocas y que el primer pueblo que tocó fue Champotón, con cuyo señor, llamado *Moch Kovoh* les fue mal a Francisco Hernández y a Grijalva; mas por ser ya muerto no hubo allí resistencia, antes bien, los de este pueblo sustentaron a don Francisco y su gente dos años, en cuyo tiempo no pudo pasar adelante por la mucha resistencia que hallaba. Que después pasó a Campeche y vino a tener mucha amistad con los de aquel pueblo. De manera que con su ayuda y la de los de Champotón acabó la conquista prometiéndoles que serían remunerados por el rey por su mucha fidelidad aunque hasta ahora el rey no lo ha cumplido.

Que la resistencia no fue bastante para que don Francisco dejase de llegar con su ejército a *Tihó* donde se pobló la ciudad de Mérida; y que dejando el bagaje en Mérida prosiguieron la conquista enviando capitanes a diversas partes. Don Francisco envió a su primo Francisco de Montejo a la villa de Valladolid para pacificar los pueblos que estaban algo rebeldes y para poblar aquella villa como ahora está. Pobló en *Chectemal* la villa de Salamanca y ya tenía poblado Campeche. (Entonces) dio orden para el servicio de los indios y el gobierno de los españoles hasta que el adelantado, su padre, vino a gobernar desde Chiapas con su mujer y casa; y fue bien recibido en Campeche llamando a esa villa de San Francisco por su nombre. Después pasó a la ciudad de Mérida.

XV

CRUELDADES DE LOS ESPAÑOLES CON LOS NATURALES. —CÓMO SE DISCULPABAN

Que los indios recibían pesadamente el yugo de la servidumbre, mas los españoles tenían bien repartidos los pueblos que abrazaban la tierra, aunque no faltaba entre los indios quien los alterase, sobre lo cual se hicieron castigos muy crueles que fueron causa de que apocase la gente. Quemaron vivos a algunos principales de la provincia de *Cupul* y ahorcaron a otros. Hízose información contra los de *Yobain*, pueblo de los *Cheles*, y prendieron a la gente principal y, en cepos, la metieron en una casa a la que prendieron fuego abrasándola viva con la mayor inhumanidad del mundo, y dice este Diego de Landa que él vio un gran árbol cerca del pueblo en el cual un capitán ahorcó muchas mujeres indias en sus ramas y de los pies de ellas a los niños, sus hijos. Y en este mismo pueblo y en otro que se dice *Verey*, a dos leguas de él, ahorcaron a dos indias, una doncella y la otra recién casada, no porque tuvieran culpa sino porque eran muy hermosas y temían que se revolviera el real de los españoles sobre ellas y para que mirasen los indios que a los españoles no les importaban las mujeres; de estas dos hay mucha memoria entre indios y españoles por su gran hermosura y por la crueldad con que las mataron.

Que se alteraron los indios de la provincia de *Cochua* y *Chectemal* y los españoles los apaciguaron de tal manera que, siendo esas dos provincias las más pobladas y llenas de gente, quedaron las más desventuradas de toda aquella tierra. Hicieron (en los indios) crueldades inauditas (pues les) cortaron narices, brazos y piernas, y a las mujeres los pechos y las echaban en lagunas hondas con calabazas atadas a los pies; daban estocadas a los niños porque no andaban tanto como las madres, y si los llevaban en colleras y enfermaban, o no andaban tanto como los otros, cortábanles las cabezas por no pararse a soltarlos. Y trajeron gran número de mujeres y hombres cautivos para su servicio con semejantes tratamientos. Se afirma que don Francisco de Montejo no hizo ninguna de estas crueldades ni se halló en ellas, antes bien le parecieron muy mal, pero que no pudo (evitarlas).

Que los españoles se disculpaban con decir que siendo pocos no podían sujetar tanta gente sin meterles miedo con castigos terribles, y traen a ejemplo la pasada historia de los hebreos a la tierra de promisión (en que se cometieron) grandes crueldades por mandato de Dios; y por otra parte tenían razón los indios al defender su libertad y confiar en los capitanes muy valientes que tenían para entre ellos y pensaban que así serían contra los españoles.

Que cuentan de un ballestero español y de un flechero indio que por ser muy diestros el uno y el otro se procuraban matar y no podían cogerse descuidados; el español fingió descuidarse puesta una rodilla en tierra y el indio le dio un flechazo en la mano que le subió brazo arriba y le apartó las canillas una de otra; pero al mismo tiempo soltó el español la ballesta y dio al indio por el pecho y sintiéndose herido de muerte, porque no dijesen que un español le había muerto, cortó un bejuco, que es como mimbre aunque mucho más largo, y se ahorcó con él a la vista de todos. De estas valentías hay muchos ejemplos.

XVI

ESTADO DEL PAÍS ANTES DE LA CONQUISTA. — UNA SUBLEVACIÓN. — CÉDULA REAL EN FAVOR DE LOS INDIOS. — MUERTE DEL ADELANTADO. — SUS DESCENDIENTES

Que antes (de) que los españoles ganasen aquella tierra vivían los naturales juntos en pueblos, con mucha policía, y tenían la tierra muy limpia y desmontada de malas plantas y puestos muy buenos árboles; y que su habitación era de esta manera: en medio del pueblo estaban los templos con hermosas plazas y en torno de los templos estaban las casas de los señores y de los sacerdotes, y luego la gente más principal, y así iban los más ricos y estimados más cercanos a éstas y a los fines del pueblo estaban las casas de la gente más baja. Los pozos, donde había pocos, estaban cerca de las casas de los señores y que tenían sus heredades plantadas de los árboles de vino y sembraban algodón, pimienta y maíz, y vivían en estas congregaciones por miedo de sus enemigos que los cautivaban, y que por las guerras de los españoles se desaparecieron por los montes.

Que los indios de Valladolid por sus malas costumbres o por el mal tratamiento de los españoles, se conjuraron para matar a los españoles cuando se dividían a cobrar sus tributos; y que en un día mataron diecisiete españoles y cuatrocientos criados de los muertos y de los que quedaron vivos; y luego enviaron algunos brazos y pies por toda la tierra en señal de lo que habían hecho, para que se alzasen, mas no lo hicieron hacer y con esto pudo el adelantado socorrer a los españoles de Valladolid y castigar a los indios.

Que el adelantado tuvo desasosiegos con los (españoles) de Mérida y muchos mayores con la cédula del emperador, con la cual privó de indios a todos los gobernadores; y fue un receptor a Yucatán y quitó al adelantado los indios y los puso en cabeza del rey, y que tras esto, la Audiencia Real de México le tomó residencia, remitiéndolo al Consejo Real de Indias, en España, donde murió lleno de días y trabajos, y dejó en Yucatán a su mujer doña Beatriz más rica que él murió, y a don Francisco de Montejo, su hijo, casado en Yucatán, y a su hija doña Catalina, casada con el licenciado Alonso Maldonado, Presidente de las Audiencias de Honduras y Santo Domingo, de la Isla Española, y a don Juan Montejo, español, y a don Diego, mestizo que hubo en una india.

Que este don Francisco después de que dejó el gobierno a su padre el adelantado, vivió en su casa como un vecino particular en cuanto al gobierno, aunque muy respetado de todos por haber conquistado, repartido y regido aquella tierra. Fue a Guatemala con su residencia y tornó a su casa. Tuvo por hijos a don Juan de Montejo, que casó con doña Isabel, natural de Salamanca; a doña Beatriz de Montejo (con) su tío, primo hermano de su padre; y a doña Francisca de Montejo, que casó con don Carlos de Arellano, natural de Guadalajara; murió de larga enfermedad después de haberlos visto a todos casados.

XVII

LLEGADA DE LOS FRAILES FRANCISCANOS ESPAÑOLES A YUCATÁN. – PROTECCIÓN QUE DISPENSARON A LOS INDÍGENAS. – SUS LUCHAS CON LOS ENCOMENDEROS

Que fray Jacobo de Testera, franciscano, pasó a Yucatán y comenzó la adoctrinación de los hijos de los indios, y que los soldados españoles querían servirse tanto de los mozos que no les quedaba tiempo para aprender la doctrina; y que por otra parte disgustaban a los frailes cuando los reprendían del mal que les hacían a los indios y que por esto, fray Jacobo se tornó a México donde murió. Después fray Toribio Motolinia envió desde Guatemala frailes, y de México fray Martín de Hojacastro envió más y todos tomaron su asiento en Campeche y Mérida con favor del adelantado y de su hijo don Francisco, los cuales (frailes) edificaron un monasterio en Mérida, como está dicho, y procurando saber la lengua, lo cual era dificultoso.

El que más supo fue fray Luis de Villalpando, que comenzó a saberla por señas y pedrezuelas y la redujo a una manera de arte y escribió una doctrina cristiana en aquella lengua, aunque había muchos estorbos de parte de los españoles que eran absolutos señores y querían que se hiciese todo enderezado a su ganancia y tributos; y de parte de los indios que procuraban estarse en sus idolatrías y borracheras, principalmente era gran trabajo por estar tan derramados por los montes.

Que los españoles tomaban pesar de ver que los frailes hiciesen monasterios y ahuyentaban a los hijos de los indios de sus repartimientos, para que no viniesen a la doctrina; y quemaron dos veces el monasterio de Valladolid con su iglesia, que era de madera y paja; tanto que fue necesario a los frailes irse a vivir entre los indios; y cuando se alzaron los indios de aquella provincia escribieron al virrey don Antonio (de Mendoza) que se habían alzado por amor a los frailes y el virrey hizo diligencia y averiguó que al tiempo que se alzaron aún no eran llegados los frailes a aquella provincia; (aun los encomenderos) velaban de noche a los frailes con escándalo de los indios y hacían inquisición de sus vidas y les quitaban las limosnas.

Que los frailes viendo este peligro enviaron al muy singular juez Cerrato, Presidente de Guatemala, un religioso que le diese cuenta de lo que pasaba, y visto el desorden y mala cristiandad de los españoles que se llevaban absolutamente los tributos y cuanto podían sin orden del rey (y obligaban a los indios) al servicio personal en todo género de trabajo, hasta alquilarlos para llevar cargas, proveyó cierta tasación, harto larga aunque pasadera, en que señalaba qué cosas eran del indio después de pagado el tributo a su encomendero, y que no fuese todo absolutamente del español. (Los encomenderos) suplicaron de esto y con temor de la tasa sacaban a los indios más que hasta allí, y entonces los frailes tornaron a la Audiencia y reclamaron en España e hicieron tanto que la Audiencia de Guatemala envió a un Oidor, el cual tasó la tierra y quitó el servicio personal e hizo casar a algunos, quitándoles las casas que tenían llenas de mujeres. Este fue el licenciado Tomás López natural de Tendilla, y ello causó que aborreciesen mucho más a los frailes, haciéndolos libelos infamatorios y cesando de oír sus misas.

Que este aborrecimiento causó que los indios estuviesen muy bien con los frailes considerando los trabajos que tomaban sin interés ninguno para darles libertad, tanto que ninguna cosa hacían sin dar parte a los frailes y tomar su consejo, y esto dio causa a los españoles para que por envidia dijesen que los frailes habían hecho esto para gobernar las Indias y gozar de lo que a ellos se había quitado.

XVIII

VICIOS DE LOS INDIOS. – LOS FRAILES ESTUDIAN LA LENGUA DEL PAÍS. – SUS ENSEÑANZAS A LOS NATURALES. – CASTIGOS A LOS APÓSTATAS

Que los vicios de los indios eran idolatrías y repudios y borracheras públicas y vender y comprar esclavos; y que por apartarlos de estas cosas vinieron a aborrecer a los frailes; pero que entre los españoles los que más fatigaron a los religiosos, aunque encubiertamente, fueron los sacerdotes, como gente que había perdido su oficio y los provechos de él.

Que la manera que se tuvo para adoctrinar a los indios fue recoger a los hijos pequeños de los señores y gente más principal, poniéndolos en torno de los monasterios en casas que cada pueblo hacía para los suyos, donde estaban juntos todos los de cada lugar, cuyos padres y parientes les traían de comer; y con estos niños se recogían los que venían a la doctrina, y con tal frecuentación muchos, con devoción, pidieron el bautismo; y estos niños, después de enseñados, tenían cuidado de avisar a los frailes de las idolatrías y borracheras y rompían los ídolos aunque fuesen de sus padres, y exhortaban a las repudiadas; y a los huérfanos, si los hacían esclavos (los encomenderos o los mismos indios, decían) que se quejasen a los frailes, y aunque fueron amenazados por los suyos, no por eso cesaban, antes respondían que les hacían honra pues era por el bien de sus almas. Y que el adelantado y las fuerzas del rey siempre han dado fiscales a los frailes para obligar a los indios a asistir a la doctrina y castigar a los que se tornaban a la vida pasada. Al principio daban los señores de mala gana sus hijos, pensando que los querían hacer esclavos como habían hecho los españoles y por esta causa daban muchos esclavillos en lugar de sus hijos; mas como comprendieron el negocio, los daban de buena gana.

Que de esta manera aprovecharon tanto los mozos en las escuelas y la otra gente en la doctrina, que era cosa admirable.

Que aprendieron a leer y escribir en la lengua de los indios, la cual se redujo tanto a un arte que se estudiaba como la latina y que se halló que no usaban de seis letras nuestras que son D, F, G, Q, R y S que para cosa ninguna las han menester; pero tienen necesidad de doblar y añadir otras para entender las muchas significaciones de algunos vocablos, porque *Pa* quiere decir abrir, y *PPa*, apretando mucho los labios, quiere decir quebrar; y *Tan* es cal o ceniza, y *Than*, dicho recio, entre la lengua y los dientes altos, quiere decir palabra o hablar; y así en otras dicciones, y puesto que ellos para estas cosas tenían diferentes caracteres no fue menester inventar nuevas figuras de letras sino aprovecharse de las latinas para que fuesen comunes a todos. Dióseles también orden para que dejasen los asientos que tenían en los montes y se juntasen como antes en buenas poblaciones, para que más fácilmente fuesen enseñados y no tuviesen tanto trabajo los religiosos para cuya sustentación les hacían limosnas las pascuas y otras fiestas; y hacían limosnas a las iglesias por medio de dos indios ancianos nombrados para esto, con lo cual daban lo necesario a los frailes cuando andaban visitándoles, y también aderezaban las iglesias de ornamentos.

Que estando esta gente instruida en la religión y los mozos aprovechados, como dijimos, fueron pervertidos por los sacerdotes que en su idolatría tenían y por los señores, y tornaron a idolatrar y hacer sacrificios no sólo de sahumerios sino de sangre humana, sobre lo cual los frailes hicieron inquisición y pidieron la ayuda del alcalde mayor prendiendo a muchos y haciéndolos procesos; y se celebró un auto (de fé) en que se pusieron muchos cadalsos encorozados. (Muchos indios fueron) azotados y trasquilados y algunos ensambenitados por algún tiempo; y otros, de tristeza, engañados por el demonio, se ahorcaron, y en común mostraron todos mucho arrepentimiento y voluntad de ser buenos cristianos.

XIX

LLEGADA DEL OBISPO TORAL.– SUELTA A LOS INDIOS ARBITRARIAMENTE PRESOS.– VIAJE DE LANDA A ESPAÑA PARA JUSTIFICAR LA CONDUCTA DE LOS FRANCISCANOS

Que a esta sazón llegó a Campeche don fray Francisco Toral, franciscano, natural de Ubeda, que había estado 20 años en lo de México y venía por obispo de Yucatán, el cual, por las informaciones de los españoles y por las quejas de los indios, deshizo lo que los frailes tenían hecho y mandó soltar los presos y que sobre esto agravió al provincial quien determinó ir a España quejándose primero en México y que así vino a Madrid donde los del Consejo de las Indias le afearon mucho que hubiese usurpado el oficio de obispo y de inquisidor, para descargo de lo cual alegaba la facultad que su orden tenía para en aquellas partes, concedida por el Papa Adriano a instancias del emperador, y el auxilio que la Audiencia Real de las Indias le mandó dar conforme a como se daba a los obispos; y que los del Consejo se enojaron más por estas disculpas y acordaron remitirle con sus papeles y los que el obispo había enviado contra los frailes, a fray Pedro Bobadilla, provincial de Castilla, a quien el rey escribió mandándole que los viese e hiciese justicia. Y que este fray Pedro, por estar enfermo, sometió el examen de los procesos a fray Pedro de Guzmán, de su orden, hombre docto y experimentado en cosas de inquisición, y se presentaron los pareceres de siete personas doctas del reino de Toledo, que fueron fray Francisco de Medina, fray Francisco Dorantes, de la orden de San Francisco; el maestro fray Alonso de la Cruz, fraile de San Agustín que había estado 30 años en las Indias, y el licenciado Tomás López que fue Oidor en Guatemala en el nuevo reino y fue juez en Yucatán; y don Hurtado, catedrático de cánones; y don Méndez, catedrático de sagrada escritura; y don Martínez, catedrático de Scoto en Alcalá, los cuales dijeron que el provincial hizo justamente el auto y las otras cosas en castigo de los indios, lo cual, visto por fray Francisco de Guzmán, escribió largamente sobre ello al provincial fray Pedro de Bobadilla.

Que los indios de Yucatán merecen que el rey los favorezca por muchas cosas y por la voluntad que mostraron a su servicio. Estando necesitado en Flandes, envió la princesa doña Juana, su hermana, que entonces era gobernadora del reino, una cédula pidiendo ayuda a los de las Indias; cédula que llevó a Yucatán un Oidor de Guatemala y para esto juntó a los señores y ordenó que un fraile les predicase lo que debían a su majestad y lo que entonces les pedía. Concluida la plática se levantaron dos indios en pie y respondieron que bien sabían lo que eran obligados a Dios por haberles dado tan noble y cristianísimo rey y que les pesaba no vivir en parte donde le pudieran servir con sus personas y por tanto que viese lo que de su pobreza quería, que le servirían con ello y que si no bastase, venderían a sus hijos y mujeres.

XX

MANERA DE FABRICAR LAS CASAS EN YUCATÁN.– OBEDIENCIA Y RESPETO DE LOS INDIOS A SUS SEÑORES.– MODO DE ORNAR SUS CABEZAS Y DE LLEVAR SUS VESTIDOS

Que la manera (que los indios tenían de) hacer sus casas era cubrirlas de paja, que tienen muy buena y mucha, o con hojas de palma, que es propia para esto; y que tenían muy grandes corrientes para que no se lluevan, y que después echan una pared de por medio y a lo largo, que divide toda la casa y en esta pared dejan algunas puertas para la mitad que llaman las espaldas de la casa, donde tienen sus camas y la otra mitad blanquean de muy gentil encalado y los señores las tienen pintadas de muchas galanterías; y esta mitad es el recibimiento y aposento de los huéspedes y no tiene puerta sino toda es abierta conforme al largo de la casa y baja mucho la corriente delantera por temor de los soles y aguas, y dicen que también para enseñorarse de los enemigos de la parte de dentro en tiempo de necesidad. El pueblo menudo hacía a su costa las casas de los señores; y que con no tener puertas tenían por grave delito hacer mal a casas ajenas. Tenían una portecilla atrás para el servicio necesario y unas camas de varillas y encima una esterilla donde duermen cubiertos por sus mantas de algodón; en verano duermen comúnmente en los encalados con una de aquellas esterillas especialmente los hombres. Allende de la casa hacía todo el pueblo a los señores sus sementeras, y se las beneficiaban y cogían en cantidad que les bastaba a él y a su casa; y cuando había caza o pesca, o era tiempo de traer sal, siempre daban parte al señor porque estas cosas siempre las hacían en comunidad. Si moría el señor, aunque le sucediese el hijo mayor, eran siempre los demás hijos muy acatados y ayudados y tenidos por señores.

A los demás principales inferiores del señor ayudaban en todas estas cosas conforme a quienes eran, o al favor que el señor les daba. Los sacerdotes vivían de sus oficios y ofrendas.

Los señores regían el pueblo concertando los litigios, ordenando y concertando las cosas de sus repúblicas, todo lo cual hacían por manos de los más principales, que eran muy obedecidos y estimados, especialmente de la gente rica a quienes visitaban; tenían palacio en sus casas donde concertaban las cosas y negocios, principalmente de noche; y si los señores salían del pueblo llevaban mucha compañía, lo mismo que cuando salían de sus casas.

Que los indios de Yucatán son gente bien dispuesta, altos, recios y de muchas fuerzas y comúnmente todos estevados porque en su niñez, cuando las madres los llevan de una parte a otra van a horcajadas en los cuadriles. Tenían por gala ser bizcos, lo cual hacían por arte las madres colgándoles del pelo cuando niños, un pegotillo que les llegaba al medio de las cejas; y como les andaba allí jugando, ellos alzaban los ojos y venían a quedar bizcos. Y que tenían las cabezas y frentes llanas, hecho también por sus madres, por industria, desde niños, que traían las orejas horadadas para zarcillos y muy harpadas de los sacrificios. No criaban barbas y decían que les quemaban los rostros sus madres con paños calientes, siendo niños, para que no les naciesen. Y que ahora crían barbas aunque muy ásperas como cerdas de rocines.

Que criaban cabello como las mujeres: por lo alto quemaban como una buena corona y así crecía mucho lo de debajo y lo de la corona quedaba corto y que lo trenzaban y hacían una guirnalda de ello en torno de la cabeza dejando la colilla atrás como borlas.

Que todos los hombres usaban espejos y no las mujeres; y que para llamarse cornudos decían que su mujer les había puesto el espejo en el cabello sobrante del colodrillo.

Que se bañaban mucho, no curando de cubrirse de las mujeres sino cuanto podía cubrir la mano.

Que eran amigos de buenos olores y que por eso usan ramilletes de flores y yerbas olorosas, muy curiosos y labrados.

Que usaban pintarse de colorado el rostro y cuerpo y les parecía muy mal, pero teníanlo por gran gala.

Que su vestido era un listón de una mano de ancho que les servía de bragas y calzas y que se daban con él algunas vueltas por la cintura de manera que uno de los cabos colgaba adelante y el otro detrás, y que estos cabos los hacían sus mujeres con curiosidad y labores de pluma; y que traían mantas largas y cuadradas y las ataban en los hombros; y que traían sandalias de cáñamo o cuero de venado por curtir, seco, y no usaban otro vestido.

XXI

COMIDAS Y BEBIDAS DE LOS INDIOS DE YUCATÁN

Que el mantenimiento principal es el maíz, del cual hacen diversos manjares y bebidas, y aun bebido como lo beben, les sirve de comida y bebida, y que las indias echan el maíz a remojar en cal y agua una noche antes, y que a la mañana (siguiente) está blando y medio cocido y de esta manera se le quita el hollejo y pezón; y que lo muelen en piedras y que de lo medio molido dan a los trabajadores, caminantes y navegantes, grandes pelotas y cargas y que dura algunos meses con sólo acedarse; y que de aquello toman una pella y deslíenla en un vaso de la cáscara de una fruta que cría un árbol con el cual les proveyó Dios de vasos; y que se beben aquella substancia y se comen lo demás y que es sabroso y de gran mantenimiento; y que de lo más molido sacan leche y la cuajan al fuego y hacen como poleadas para las mañanas y que lo beben caliente; y que en lo que sobra de las mañanas echan agua para beber en el día porque no acostumbran beber agua sola. Que también tuestan el maíz, lo muelen y deslíen en agua, que es muy fresca bebida, echándole un poco de pimienta de Indias y cacao.

Que hacen del maíz y cacao molido una a manera de espuma muy sabrosa con que celebran sus fiesta y que sacan del cacao una grasa que parece mantequilla y que de esto y del maíz hacen otra bebida sabrosa y estimada; y que hacen otra bebida de la substancia del maíz molido así crudo, que es muy fresca y sabrosa.

Que hacen pan de muchas maneras, bueno y sano, salvo que es malo de comer cuando está frío; y así pasan las indias trabajo en hacerlo dos veces al día. Que no se ha podido acertar a hacer harina que se amase como la del trigo, y que si alguna vez se hace como pan de trigo no vale nada.

Que hacen guisados de legumbres y carne de venados y aves monteses y domésticas, que hay muchas, y de pescados, que hay muchos, y que así tienen buenos mantenimientos, principalmente después de que crían puercos y aves de Castilla.

Que por la mañana toman la bebida caliente con pimienta, como está dicho, y entre día, las otras frías, y a la noche los guisados; y que si no hay carne, hacen sus salsas de pimienta y legumbres. No acostumbraban comer los hombres con las mujeres; ellos comían por sí en el suelo o cuando mucho sobre una esterilla por mesa, y comen bien cuando tienen, y cuando no, sufren muy bien el hambre y pasan con muy poco. Se lavan las manos y la boca después de comer.

XXII

PINTURA Y LABRADO DE LOS INDIOS.– SUS BORRACHERAS, BANQUETES, FARSAS, MÚSICAS Y BAILES

Lábranse los cuerpos, y cuanto más, (por) tanto más valientes y bravos se tenían, porque el labrarse era gran tormento. Y era de esta manera: los oficiales de ello labraban la parte que querían con tinta y después sajábanle delicadamente las pinturas y así, con la sangre y tinta, quedaban en el cuerpo las señales; y que se labraban poco a poco por el grande tormento que era, y también después se (ponían) malos porque se les enconaban las labores y supurábanse y que con todo esto se mofaban de los que no se labraban. Y que se precian mucho de ser requebrados y tener gracias y habilidades naturales, y que ya comen y beben como nosotros.

Que los indios eran muy disolutos en beber y emborracharse, de lo cual les seguían muchos males como matarse unos a otros, violar las camas pensando las pobres mujeres recibir a sus maridos, también con padres y madres como en casa de sus enemigos; y pegar fuego a sus casas: y que con todo eso se perdían por emborracharse. Y cuando la borrachera era general y de sacrificios, contribuían todos para ello, porque cuando era particular hacía el gasto el que la hacía con ayuda de sus parientes. Y que hacen el vino de miel y agua y cierta raíz de un árbol que para esto criaban, con lo cual se hacía el vino fuerte y muy hediondo; y que con bailes y regocijos comían sentados de dos en dos o de cuatro en cuatro, y que después de comido, los escanciadores, que no se solían emborrachar, traían unos grandes artesones de beber hasta que se hacía un zipizape; y las mujeres tenían mucha cuenta de volver borrachos a casa sus maridos.

Que muchas veces gastan en un banquete lo que en muchos días, mercadeando y trompeando, ganaban; y que tienen dos maneras de hacer estas fiestas. La primera, que es de los señores y gente principal, obliga a cada uno de los convidados a que hagan otro tal convite y que den a cada uno de los convidados una ave asada, pan y bebida de cacao en abundancia y al fin del convite suelen dar a cada uno una manta para cubrirse y un banquillo y el vaso más galano que pueden, y si muere alguno de ellos es obligada la casa o sus parientes a pagar el convite. La otra manera es entre parentelas, cuando casan a sus hijos o hacen memoria de las cosas de sus antepasados; y ésta no obliga a restitución, salvo que si cuando han convidado a un indio a una fiesta así, él convida a todos cuando hace fiesta o casa a sus hijos. Y sienten mucho la amistad y la conservan (aunque estén) lejos unos de otros, con estos convites; y que en estas fiestas les daban de beber mujeres hermosas, las cuales, después de dado el vaso, volvían las espaldas al que lo tomaba hasta vaciado el vaso.

Que los indios tienen recreaciones muy donosas y principalmente farsantes que representan con mucho donaire; tanto, que de estos alquilan los españoles para que viendo los chistes de los españoles que pasan con sus mozas, maridos o ellos propios, sobre el buen o mal servir, lo representan después con tanto artificio como curiosidad. Tienen atabales pequeños que tañen con la mano, y otro atabal de palo hueco, de sonido pesado y triste, que tañen con un palo larguillo con leche de un árbol puesta al cabo; y tienen trompetas largas y delgadas, de palos huecos, y al cabo unas largas y tuertas calabazas; y tienen otro instrumento (que hacen) de la tortuga entera con sus conchas, y sacada la carne táñenlo con la palma de la mano y es su sonido lúgubre y triste.

Tienen silbatos (hechos con las) cañas de los huesos de venado y caracoles grandes, y flautas de cañas, y con estos instrumentos hacen són a los valientes. Tienen especialmente dos bailes muy de hombre de ver. El uno es un juego de cañas, y así le llaman ellos *colomché*, que lo quiere decir. Para jugarlo se junta una gran rueda de bailadores con su música que les hacen són, y por su compás salen dos de la rueda: el uno con un manojo de bohordos y baila enhiesto con ellos; el otro baila en cuclillas, ambos con compás de la rueda, y el de los bohordos, con toda su fuerza, los tira a otro, el cual, con gran destreza, con un palo pequeño arrebátalos. Acabado de tirar vuelven con su compás a la rueda y salen otros a hacer lo mismo. Otro baile hay en que bailan ochocientos y más y menos indios, con banderas pequeñas, con són y paso largo y en sus bailes son pesados porque todo el día entero no cesan de bailar y allí les llevan de comer y beber. Los hombres no solían bailar con las mujeres.

XXIII

INDUSTRIA, COMERCIO Y MONEDA.– AGRICULTURA Y SEMILLAS.– JUSTICIA Y HOSPITALIDAD

Que los oficios de los indios eran olleros y carpinteros, los cuales, por hacer ídolos de barro y madera, con muchos ayunos y observancias, ganaban mucho. Había también cirujanos o, por mejor decir, hechiceros, los cuales curaban con yerbas y muchas supersticiones; y así de todos los demás oficios. El oficio a que más inclinados estaban es el de mercaderes llevando sal, y ropa y esclavos a tierra de Ulúa y Tabasco, trocándolo todo por cacao y cuentas de piedra que eran su moneda, y con ésta solían comprar esclavos u otras cuentas más finas y buenas, las cuales traían sobre sí los señores como joyas en las fiestas; y tenían por moneda y joyas otras hechas de ciertas conchas coloradas, y las traían en sus bolsas de red que tenían, y en los mercados trataban todas cuantas cosas había en esa tierra. Fiaban, prestaban y pagaban cortésmente y sin usura, y sobre todo eran los labradores y los que se ponen a coger el maíz y las demás semillas, las cuales guardan en muy lindos silos y trojes para vender a su tiempo. Sus mulas y bueyes son la gente. Suelen, de costumbre, sembrar para cada casado con su mujer medida de 400 pies lo cual llaman *hum uinic*, medida con vara de 20 pies, 20 en ancho y 20 en largo.

Que los indios tienen la buena costumbre de ayudarse unos a otros en todos sus trabajos. En tiempo de sus sementeras, los que no tienen gente suya para hacerlas, júntanse de 20 en 20 o más o menos, y hacen todos juntos por su medida y tasa la labor de todos y no la dejan hasta cumplir con todos. Las tierras, por ahora, son de común y así el que primero las ocupa las posee. Siembran en muchas partes, por si una faltare supla la otra. En labrar la tierra no hacen sino coger la basura y quemarla para después sembrar, y desde mediados de enero hasta abril labran y entonces con las lluvias siembran, lo que hacen trayendo un taleguillo a cuestas, y con un palo puntiagudo hacen un agujero en la tierra y ponen en él cinco o seis granos que cubren con el mismo palo. Y en lloviendo, espanto es cómo nace. Júntanse también para la caza de cincuenta en cincuenta más o menos, y asan en parrillas la carne del venado para que no se les gaste y venidos al pueblo hacen sus presentes al señor y distribuyen (el resto) como amigos y lo mismo hacen con la pesca.

Que los indios, en sus visitas, siempre llevan consigo don que dar según su calidad; y el visitado, con otro don, satisface al otro, y los terceros de estas visitas hablan y escuchan curiosamente conforme a la persona con quien hablan, no obstante que todos se llaman de tú porque en el progreso de sus pláticas, el menor, por curiosidad, suele repetir el nombre del oficio o dignidad del mayor. Y usan mucho ir ayudando a los que les dan los mensajes (con) un sonsonete hecho con la aspiración en la garganta, que es como decir *hasta que o así que*. Las mujeres son cortas en sus razonamientos y no acostumbran a negociar por sí (mismas), especialmente si son pobres, y por eso los señores se mofaban de los frailes que daban oído a pobres y ricos sin distinción.

Que los agravios que hacían unos a otros mandaba satisfacer el señor del pueblo del dañador; y si no, era ocasión e instrumento de más pasiones. Y si eran de un mismo pueblo lo comunicaban al juez que era árbitro. Y examinado el daño mandaba la satisfacción; y si no era suficiente para la satisfacción, los amigos y parientes le ayudaban. Las causas de que solían hacer estas satisfacciones eran si mataban a alguno casualmente, o cuando se ahorcaba la mujer o el marido con alguna culpa o haberle dado ocasión para ello, o cuando eran causa de algún incendio de casas o heredades, de colmenas o trojes de maíz. Los otros agravios hechos con malicia los satisfacían siempre con sangre y puñadas.

Que los yucatanenses son muy partidos y hospitalarios porque no entra nadie en su casa a quien no den de la comida o bebida que tienen; de día de sus bebidas y de noche de sus comidas. Y si no tienen, búscanlo por la vecindad; y por los caminos, si se les junta gente, a todas han de dar aunque (a ellos), por eso, les quepa mucho menos.

XXIV

MANERA DE CONTAR DE LOS YUCATECOS.– GENEALOGÍAS.– HERENCIAS Y TUTELA DE LOS HUÉRFANOS.– SUCESIÓN DE LOS SEÑORES

Que su contar es de 5 en 5 hasta 20, y de 20 en 20 hasta 100, y de 100 en 100 hasta 400, y de 400 en 400 hasta 8 mil; y de esta cuenta se servían mucho para la contratación del cacao. Tienen otras cuentas muy largas y que las extienden *ad infinitum* contando 8 mil 20 veces, que son 160 mil, y tornando a 20, duplican estas 160 mil, y después de irlo así duplicando hasta que hacen un incontable número, cuentan en el suelo o cosa llana.

Que tienen mucha cuenta con saber el origen de sus linajes, especialmente si vienen de alguna casa de *Mayapán*; y eso procuraban saberlo de los sacerdotes, que es una de sus ciencias, y jáctanse mucho de los varones señalados que ha habido en sus linajes. Los nombres de los padres duran siempre en los hijos; en las hijas no. A sus hijos e hijas los llamaban siempre por el nombre del padre y de la madre; el del padre como propio, y el de la madre como apelativo; de esta manera, el hijo de *Chel* y *Chan* llamaban *Nachanchel*, que quiere decir hijos de fulanos y esta es la causa (por la cual) dicen los indios que los de un nombre son deudos y se tratan por tales. Y por eso cuando vienen a parte no conocida (y se ven) necesitados, acuden luego al nombre, y si hay alguien (que lo lleve), luego con toda caridad se reciben y tratan. Y así ninguna mujer u hombre se casaba con otro del mismo nombre porque en ellos era gran infamia. Llámense ahora (por) los nombres de pila y los otros.

Que los indios no admitían que las hijas heredaran con los hermanos si no era por vía de piedad o voluntad; y entonces dábanles algo del montón y lo demás lo partían igualmente los hermanos, salvo que al que más notablemente había ayudado a allegar la hacienda, dábanle su equivalencia; y si eran todas hijas, heredaban los hermanos (del padre) o (los) más propincuos; y si eran de (tal) edad que no era prudente entregarles la hacienda, dábanla a un tutor, deudo más cercano, el cual daba a la madre para criarlos porque no usaban dejar nada en poder de (las) madres, o quitábanles los niños, principalmente siendo los tutores hermanos del difunto. Estos tutores daban a los herederos lo que se les entregaba, y no hacerlo era gran fealdad entre ellos y causa de muchas contiendas. Cuando así lo entregaban era delante de los señores y principales, quitando lo que habían dado para criarlos; y no daban de las cosechas de las heredades sino cuando eran colmenares y algunos árboles de cacao, porque decían que harto era tenerlas en pie. Si cuando el señor se moría no estaban los hijos (en edad) de regir y tenía hermanos, regía el mayor de los hermanos o el más desenvuelto, y mostraban al heredero sus costumbres y fiestas para cuando fuese hombre; y estos hermanos, aunque el heredero (tuviese ya la edad) para regir, mandaban toda la vida; y si no había hermanos, los sacerdotes y gente principal elegían un hombre suficiente para ello.

XXV

MATRIMONIOS.— REPUDIOS FRECUENTES ENTRE LOS YUCATECOS.— SUS CASAMIENTOS

Que antiguamente se casaban de 20 años y ahora de 12 ó 13 y por eso ahora se repudian más fácilmente, como que se casan sin amor e ignorantes de la vida matrimonial y del oficio de casados; y si los padres no podían persuadirlos de que volviesen con ellas, buscábanles otras y otras. Con la misma facilidad dejaban los hombres con hijos a sus mujeres, sin temor de que otro las tomase por mujeres o después volver a ellas; pero con todo eso son muy celosos y no llevan a paciencia que sus mujeres no sean honestas; y ahora, en vista de que los españoles, sobre eso, matan a las suyas, empiezan a maltratarlas y aun a matarlas. Si cuando repudiaban (a sus mujeres) los hijos eran niños, dejábanlos a las madres; si grandes los varones, con los padres, y (si) hembras, con las madres.

Que aunque era tan común y familiar cosa repudiar, los ancianos y de mejores costumbres lo tenían por malo y muchos había que nunca habían tenido sino una (mujer), la cual ninguno tomaba (en la familia) del padre, porque era cosa muy fea entre ellos; y si algunos se casaban con las cuñadas, mujeres de sus hermanos, era tenido por malo. No se casaban con sus madrastras ni cuñadas, hermanas de sus mujeres, ni tías, hermanas de sus madres, y si alguno lo hacía era tenido (por) malo. Con todas las demás parientas de parte de su madre contraían (matrimonio), aunque fuese (su) prima hermana.

Los padres tienen mucho cuidado de buscarles con tiempo a sus hijos, mujeres de estado y condición, y si podían, en el mismo lugar; y poquedad era entre ellos buscar las mujeres para sí, y los padres casamiento para sus hijas; y para tratarlo concertaban las arras y dote, lo cual era muy poco y dábalo el padre del mozo al consuegro y hacía la suegra, allende del dote, vestidos a la nuera e hijo; y venido el día se juntaban en casa del padre de la novia y allí, aparejada la comida, venían los convidados y el sacerdote y reunidos los casados y consuegros trataba el sacerdote cuadrarles y si lo habían mirado bien los suegros y si les estaba bien; y así le daban su mujer al mozo esa noche si era para ello y luego se hacía la comida y convite y de ahí en adelante quedaba el yerno en casa del suegro, trabajando cinco o seis años para el mismo suegro; y si no lo hacía echábanle de la casa. Las madres trabajaban para que la mujer diese siempre de comer al marido en señal de casamiento. Los viudos y viudas se concertaban sin fiesta ni solemnidad y con sólo ir ellos a casa de ellas y admitirlos y darles de comer se hacía el casamiento; de lo cual nacía que (las mujeres) se dejaban con tanta facilidad como se tomaban. Nunca los yucatanenses tomaron más de una como se ha hallado en otras partes tener muchas juntas, y los padres, algunas veces, (a nombre de sus hijos) niños, contraen matrimonio (y los casados esperan) hasta que sean venidos en edad, y (los padres) se tratan como suegros.

XXVI

MANERA DE BAUTISMO EN YUCATÁN.– CÓMO LO CELEBRAN

No se halla el bautismo en ninguna parte de las Indias sino (sólo) en esta de Yucatán y aun con vocablo que quiere decir *nacer de nuevo u otra vez*, que es lo mismo que en la lengua latina (significa) renacer, porque en la lengua de Yucatán *zihil* quiere decir *nacer de nuevo u otra vez*, y no se usa sino en composición de verbo: y así *caputzihil* quiere decir *nacer de nuevo*.

No hemos podido saber su origen sino que es cosa que han usado siempre y a la que tenían tanta devoción que nadie la dejaba de recibir y (le tenían tanta) reverencia, que los que tenían pecados, si eran para saberlos cometer, habían de manifestarlos, especialmente a los sacerdotes; y tanta fe (habían) en él que no repetían el pecado en ninguna manera. Lo que pensaban (que) recibían en el (bautismo) era una propia disposición para ser buenos en sus costumbres y no ser dañados por los demonios en las cosas temporales, y venir, mediante él y su buena vida, a conseguir la gloria que ellos esperaban, en la cual, según en la de Mahoma, habían de usar de manjares y bebidas. Tenían, pues, esta costumbre para venir a hacer los bautismos, que criaban las indias a los niños hasta la edad de tres años, y a los varoncillos usaban siempre ponerles pegada a la cabeza, en los cabellos de la coronilla, una contezuela blanca, y a las muchachas traíanlas ceñidas abajo de los riñones con un cordel delgado y en él una conchuela asida, que les venía a dar encima de la parte honesta y de estas dos cosas era entre ellos pecado y cosa muy fea quitarla de las muchachas antes del bautismo, el cual les daban siempre desde la edad de tres años hasta la de doce, y nunca se casaban antes del bautismo. Cuando había alguno que quisiese bautizar a su hijo, iba al sacerdote y dábale parte de su intento; el sacerdote publicaba por el pueblo el bautismo y el día en que lo hacía ellos miraban siempre que no fuese aciago. Hecho esto, el que hacía la fiesta, que era el que movía la plática, elegía a su gusto un principal del pueblo para que le ayudase en su negocio y las cosas de él. Después tenían por costumbre elegir a otros cuatro hombres ancianos y honrados que ayudasen al sacerdote en la ceremonia el día de la fiesta, y a éstos los elegían juntamente a su gusto con el sacerdote, y en estas elecciones los padres de todos los niños que había que bautizar entendían siempre que de todos era la fiesta y a estos que escogían llamábanles *chaces*. Tres días antes de la fiesta ayunaban los padres de los muchachos y los oficiales, absteniéndose de las mujeres.

El día (del bautismo) juntábanse todos en casa del que hacía la fiesta y llevaban a todos los niños que habían de bautizar, a los cuales ponían en orden, de un lado los muchachos y del otro las muchachas, en el patio o plaza de la casa que limpio y sembrado de hojas frescas, tenían. A las niñas poníanles como madrina a una mujer anciana y a los niños un hombre que los tuviese a su cargo.

Hecho esto trataba el sacerdote de la purificación de la posada, echando al demonio de ella. Para echarlo ponían cuatro banquillos en las cuatro esquinas del patio, en los cuales se sentaban los cuatro *chaces* con un cordel asido del uno al otro, de manera que quedaban los niños (como) acorralados en medio o dentro del cordel; después pasando sobre el cordel, había de entrar al circuito todos los padres de los niños, que habían ayunado. Después, o antes, ponían en medio otro banquillo donde el sacerdote se sentaba con un brasero, un poco de maíz molido y un poco de incienso. Allí venían los niños y las niñas, por orden, y echábales el sacerdote un poco de maíz molido y del incienso en la mano, y ello (lo echaban) en el brasero, y así (lo) hacían todos; y acabados estos sahumerios tomaban el brasero en que los hacían y el cordel con que los *chaces* los tenían cercado y echaban en un vaso un poco de vino y dábanlo todo a un indio (para) que lo llevase fuera del pueblo, avisándole no bebiese ni mirase (hacia) atrás a la vuelta, y con esto decían que el demonio quedaba echado.

Ido el indio, limpiaban el patio de las hojas de árbol que tenía, (árbol) que se dice *cihom* y echaban otras de otro que llaman *copó* y ponían unas esteras en tanto que el sacerdote se vestía. Vestido, salido con un saco de plumas coloradas y labrado de otras plumas de colores y otras plumas largas colgando de los extremos (del saco) y una como coroza, de las mismas plumas, en la cabeza, y debajo del saco muchos listones de algodón (que llegaban) hasta el suelo, como colas, y con un hisopo en la mano, hecho de un palo corto muy labrado y por barbas o pelos del hisopo ciertas colas de una culebra (que son) como cascabeles, y con no más ni menos gravedad que tendría un papa para coronar a un emperador, que era cosa notable la serenidad que les causaban los aparejos. Los *chaces* iban luego a los niños y ponían a todos, en las cabezas, sendos paños blancos que sus madres traían para ello. Preguntaban a los que eran grandecillos si habían hecho algún pecado o tocamiento feo, y si lo habían hecho confesábanlo y los separaban de los otros.

Hecho esto mandaba el sacerdote callar y sentar la gente y comenzaba él a bendecir con muchas oraciones a los muchachos y a santiguarlos con su hisopo y (todo ello) con mucha serenidad. Acabada su bendición se sentaba y levantábase el principal que los padres de los muchachos habían elegido para esta fiesta y con un hueso que el sacerdote le daba iba a los muchachos y amagaba a cada uno nueve veces en la frente; después mojábale con el agua de un vaso que llevaba en la mano y untábales la frente y las facciones, y entre los dedos de los pies, y de las manos, sin hablar palabra. Esta agua la hacían de ciertas flores y de cacao mojado y desleído con agua virgen, que ellos decían, traída de los cóncavos de los árboles o de las piedras de los montes.

Acabada esta untura se levantaba el sacerdote y les quitaba los paños blancos de la cabeza y otros que tenían colgados a las espaldas en que cada uno traía atadas unas pocas plumas de unos pájaros muy hermosos y algunos cacaos, todo lo cual recogía uno de los *chaces*, y luego el sacerdote cortaba a los niños, con una navaja de piedra, la cuenta que habían traído pegada a la cabeza; tras esto iban los demás ayudantes del sacerdote con un manojo de flores y un humazo que los indios usan chupar y amagaban con cada uno de ellos nueve veces a cada muchacho y después dábanles a oler las flores y a chupar el humazo. Luego recogían los presentes que las madres traían y daban de ellos a cada muchacho un poco para comer allí, que de comida eran los presentes, y tomaban un buen vaso de vino y el resto del presente ofrecíanlo a los dioses con devotas plegarias, rogándoles recibiesen aquel don pequeño de los muchachos y llamando a otro oficial que les ayudaba, que llamaban *cayom*, dábanle (el vino) a que lo bebiese, lo que hacía sin descansar, que se diría que es pecado.

Hecho esto se despedían primero las muchachas, a las cuales iban sus madres a quitarles el hilo con que habían andado atadas por los riñones hasta entonces, y la conchuela que traían en la puridad, lo cual era como una licencia de poderse casar cuando quiera que los padres quisiesen. Después despedían a los muchachos, e idos, venían los padres al montón de las mantillas que habían traído y repartíanlas, por su mano, a los circunstantes y oficiales. Acababa después la fiesta con comer y beber largo. Llamaban a esta fiesta *emku*, que quiere decir *bajada de Dios*. El que principalmente habíala hecho moviéndola y haciendo el gasto, después de los tres días en que por ayuno se había abstenido, se había de abstener nueve más y lo hacían invariablemente.

XXVII

ESPECIE DE CONFESIÓN ENTRE LOS YUCATECOS.– ABSTINENCIAS Y SUPERSTICIONES.– DIVERSIDAD Y ABUNDANCIA DE ÍDOLOS.– OFICIOS DE LOS SACERDOTES

Que los yucatanenses naturalmente conocían que hacían mal, y porque creían que por el mal y pecado les venían muertes, enfermedades y tormentos, tenían por costumbre confesarse cuando ya estaban en ellos. De esta manera, cuando por enfermedad u otra cosa estaban en peligro de muerte, confesaban sus pecados y si se descuidaban traíanselos sus parientes más cercanos o amigos a la memoria, y así decían públicamente sus pecados: al sacerdote si estaba allí, y si no, a los padres y madres, las mujeres a los maridos y los maridos a las mujeres.

Los pecados de que comúnmente se acusaban eran el hurto, homicidio, de la carne y falso testimonio y con esto se creían salvos; y muchas veces, si escapaban (a la muerte), había revueltas entre el marido y la mujer por las desgracias que les habían sucedido y con las o los que las habían causado.

Ellos confesaban sus flaquezas, salvo las que con sus esclavas, los que las tenían, habían cometido, porque decían que era lícito usar de sus cosas como querían. Los pecados de intención no confesaban aunque teníanlos por malos y en sus consejos y predicaciones aconsejan evitarlos. Que las abstinencias que comúnmente hacían eran de sal y pimienta en los guisados, lo cual les era grave; absteníanse de sus mujeres para la celebración de todas sus fiestas.

No se casaban hasta un año después de viudos por no conocer hombre o mujer en aquel tiempo; y a los que esto no guardaban tenían por poco templados y (creían) que por eso les vendría algún mal.

En algunos ayunos de sus fiestas no comían carne ni conocían mujeres; recibían los oficios de las fiestas siempre con ayunos y lo mismo los oficios de la república; y algunos (ayunos) eran tan largos que duraban tres años y era gran pecado quebrantarlos.

Que eran tan dados a sus idolátricas oraciones, que en tiempo de necesidad hasta las mujeres, muchachos y mozas entendían en esto de quemar incienso y suplicar a Dios les librase del mal y reprimiese al demonio que ello les causaba.

Y que aun los caminantes llevaban en sus caminos incienso y un platillo en que quemarlo, y así, por la noche, do quiera que llegaban, erigían tres piedras pequeñas y ponían en ellas sendos pocos del incienso y poníanles delante otras tres piedras llanas en las cuales echaban el incienso, rogando al dios que llaman *Ekchuah* los volviese con bien a sus casas; y esto lo hacían cada noche hasta ser vueltos a sus casas donde no faltaba quien por ellos hiciese otro tanto y aun más.

Que tenían gran muchedumbre de ídolos y templos suntuosos a su manera y aun sin los templos comunes, tenían los señores sacerdotes y gente principal oratorios e ídolos en casa para sus oraciones y ofrendas particulares. Y que tenían a *Cuzmil* y el pozo de *Chichenizá* en tanta veneración como nosotros las romerías a Jerusalén y Roma y así los iban a visitar y ofrecer dones, principalmente a *Cuzmil*, como nosotros a los lugares santos, y cuando no iban, enviaban siempre sus ofrendas. Y los que iban tenían también la costumbre de entrar en los templos de relictos, cuando pasaban por ellos, a orar y quemar copal.

Tantos ídolos tenían que aun no les bastaban los de sus dioses; pero no había animales ni sabandijas a los que no les hiciesen estatua, y todas las hacían a la semejanza de sus dioses y diosas. Tenían algunos pocos ídolos de piedra y otros de madera y de bultos pequeños, pero no tantos como de barro. Los ídolos de madera eran tenidos en tanto, que se heredaban como lo principal de la herencia. Idolos de metal no tenían porque no hay metal ahí. Bien sabían ellos que los ídolos eran obras suyas y muertas y sin deidad, mas los tenían en reverencia por lo que representaban y porque los habían hecho con muchas ceremonias, especialmente los de palo.

Los más idólatras eran los sacerdotes, *chilanes*, hechiceros y médicos, *chaces* y *nacones*. El oficio de los sacerdotes era tratar y enseñar sus ciencias y declarar las necesidades y sus remedios, predicar y echar las fiestas, hacer sacrificios y administrar sus sacramentos. El oficio de los *chilanes* era dar al pueblo las respuestas de los demonios y eran tenidos en tanto que acontecía llevarlos en hombros. Los hechiceros y médicos curaban con sangrías hechas en la parte donde dolía al enfermo y echaban suertes para adivinar en sus oficios y otras cosas. Los *chaces* eran cuatro hombres ancianos elegidos siempre de nuevo para ayudar al sacerdote a hacer bien y cumplidamente las fiestas. *Nacones* eran dos oficios: el uno perpetuo y poco honroso porque era el que abría los pechos a las personas que sacrificaban; el otro era una elección hecha de un capitán para la guerra y otras fiestas, que duraba tres años. Este era de mucha honra.

XXVIII

SACRIFICIOS Y MORTIFICACIONES CRUELES Y SUCIOS DE LOS YUCATECOS.– VÍCTIMAS HUMANAS MATADAS A FLECHAZOS

Que hacían sacrificios con su propia sangre cortándose unas veces las orejas a la redonda, por pedazos, y así las dejaban por señal. Otras veces se agujeraban las mejillas, otras el labio de abajo; otras se sajaban partes de sus cuerpos; otras se agujeraban las lenguas, al soslayo, por los lados, y pasaban por los agujeros unas pajas con grandísimo dolor; otras, se harpaban lo superfluo del miembro vergonzoso dejándolo como las orejas, con lo cual se engañó el historiador general de las Indias cuando dijo que se circuncidaban.

Otras veces hacían un sucio y penoso sacrificio, juntándose en el templo los que lo hacían y puestos en regla se hacían sendos agujeros en los miembros viriles, al soslayo, por el lado, y hechos pasaban toda la mayor cantidad de hilo que podían, quedando así todos ensartados; también untaban con la sangre de todos aquellas partes al demonio, y el que más hacía era tenido por más valiente y sus hijos, desde pequeños, comenzaban a ocuparse en ello y es cosa espantable cuán aficionados eran a ello.

Las mujeres no usaban de estos derramamientos aunque eran harto santeras; mas siempre le embadurnaban el rostro al demonio con la sangre de las aves del cielo y animales de la tierra o pescados del agua y cosas que haber podían. Y ofrecían otras cosas que tenían. A algunos animales les sacaban el corazón y lo ofrecían; a otros, enteros, unos vivos, otros muertos, unos crudos, otros guisados, y hacían también grandes ofrendas de pan y vino y de toda suerte de comidas y bebidas que ellos usaban.

Para hacer estos sacrificios, había en los patios de los templos unos altos maderos labrados y enhiestos y cerca de las escaleras del templo tenían una peana redonda y ancha, y en medio una piedra de cuatro o cinco palmos de alto, enhiesta, algo delgada; arriba de las escaleras del templo había otra tal peana.

Que sin las fiestas, en las cuales para solemnizarlas se sacrificaban animales, también por alguna tribulación o necesidad les mandaba el sacerdote o *chilanes* sacrificar personas y para esto contribuían todos. Algunos daban para que se comprasen esclavos o por devoción entregaban a sus hijitos, los cuales eran muy regalados hasta el día y fiesta de sus personas, y muy guardados (para) que no se huyesen o ensuciasen de algún pecado carnal; y mientras les llevaban de pueblo en pueblo con bailes, los sacerdotes ayunaban con los *chilanes* y oficiales.

Y llegado el día juntábanse en el patio del templo y si había (el esclavo) de ser sacrificado a saetazos, desnudábanle en cueros y untábanle el cuerpo de azul (poniéndole) una coroza en la cabeza; y después de echado el demonio, hacía la gente un solemne baile con él, todos con flechas y arcos alrededor del palo y bailando subían en él y atábanle siempre bailando y mirándole todos. Subía el sucio del sacerdote vestido y con una flecha le hería en la parte verenda, fuese mujer u hombre, y sacaba sangre y bajábase y untaba con ella los rostros del demonio; y haciendo cierta señal a los bailadores, ellos, como bailando, pasaban de prisa y por orden le comenzaban a flechar el corazón, el cual tenía señalado con una señal blanca; y de esta manera poníanle al punto los pechos como un erizo de flechas.

Si le habían de sacar el corazón, le traían al patio con gran aparato y compañía de gente y embadurnado de azul y su coroza puesta, le llevaban a la grada redonda que era el sacrificadero y después de que el sacerdote y sus oficiales untaban aquella piedra con color azul y echaban al demonio purificando el templo, tomaban los *chaces* al pobre que sacrificaban y con gran presteza le ponían de espaldas en aquella piedra y asíanle de las piernas y brazos que le partían por enmedio. En esto llegaba el sayón *nacón* con un navajón de piedra y dábale con mucha destreza y crueldad una cuchillada entre las costillas, del lado izquierdo, debajo de la tetilla y acudíale allí luego con la mano y echaba la mano al corazón como rabioso tigre arrancándoselo vivo, y puesto en un plato lo daba al sacerdote, el cual iba muy de prisa y untaba a los ídolos los rostros con aquella sangre fresca.

Algunas veces hacían este sacrificio en la piedra y grada alta del templo y entonces echaban el cuerpo ya muerto a rodar gradas abajo y tomábanle abajo los oficiales y desollábanle el cuerpo entero, salvo los pies y las manos, y desnudo el sacerdote, en cueros vivos, se forraba con aquella piel y bailaban con él los demás, y esto era cosa de mucha solemnidad para ellos. A estos sacrificados comúnmente solían enterrar en el patio del templo, o si no, comíanselos repartiendo entre los señores y los que alcanzaban; y las manos y los pies y cabeza eran del sacerdote y oficiales; y a estos sacrificados tenían por santos. Si eran esclavos cautivos en guerra, su señor tomaba los huesos para sacarlos como divisa en los bailes, en señal de victoria. Algunas veces echaban personas vivas en el pozo de *Chichenizá* creyendo que salían al tercer día aunque nunca más parecían.

XXIX

ARMAS DE LOS YUCATECOS. – JEFES MILITARES. – MILICIA Y SOLDADOS; COSTUMBRES DE GUERRA

Que tienen armas ofensivas y defensivas. Las ofensivas eran arcos y flechas que llevaban en sus carcajes con pedernales por casquillos y dientes de pescados, muy agudos, las cuales tiran con gran destreza y fuerza. Los arcos son de un hermoso palo leonado y fuerte a maravilla, más derechos que curvos, y las cuerdas (son) del cáñamo de la tierra. La largura del arco es siempre algo menor que la de quien lo trae. Las flechas son de (unas) cañas muy delgadas que se crían en las lagunas y largas de más de cinco palmos; átanle a la caña un pedazo de palo delgado, muy fuerte, en que va insertado el pedernal. No usaban, ni lo saben, poner ponzoña, aunque tienen harto de qué. Tenían hachuelas de cierto metal y de esta hechura, las cuales encajaban en un mástil de palo y les servían de armas y para labrar la madera. Dábanles filo con una piedra, a porrazos, pues el metal es blando. Tenían lanzuelas cortas de un estado con los hierros de fuerte pedernal, y no tenían más armas que éstas.

Tenían para su defensa rodelas que hacían de cañas hendidas y muy tejidas, redondas y guarnecidas de cueros de venados. Hacían sacos de algodón alcolchados y de sal por moler, alcolchada en dos tandas o colchaduras, y estos sacos eran fortísimos. Algunos señores y capitanes tenían como morriones de palo, pero eran pocos, y con estas armas y plumajes y pellejos de tigres y leones puestos, iban a la guerra los que los tenían.

Dos capitanes tenían siempre: uno perpetuo (cuyo cargo) se heredaba, y otro elegido por tres años con muchas ceremonias para hacer la fiesta que celebraban en su mes de *Pax*, que cae el doce de mayo, o por capitán de la otra banda para la guerra.

A este llamaban *Nacón*; no había, en estos tres años, conocer mujer ni aun la suya, ni comer carne; teníanle en mucha reverencia y dábanle a comer pescados e iguanas que son como lagartos; no se emborrachaba en este tiempo y tenía en su casa las vasijas y cosas de su servicio, apartadas, y no le servía mujer y no trataba mucho con el pueblo.

Pasados los tres años, (volvía a vivir) como antes. Estos dos capitanes trataban la guerra y ponían sus cosas en orden y para esto había en cada pueblo gente escogida como soldados que, cuando era menester, acudían con sus armas. A estos llamaban *holcanes*, y no bastando éstos, recogían más gente y concertaban y repartían entre sí, y guiados con una bandera alta salían con mucho silencio del pueblo y así iban a arremeter a sus enemigos con grandes gritos y crueldades donde topaban descuidos.

En los caminos y pasos, los enemigos les ponían defensas de flechaderos de varazón y madera y comúnmente hechos de piedra. Después de la victoria quitaban a los muertos la quijada y limpia de la carne, poníansela en el brazo. Para su guerra hacían grandes ofrendas de los despojos y si cautivaban algún hombre señalado, le sacrificaban luego porque no querían dejar quien les dañase después. La demás gente era cautiva en poder del que la prendía. Que a esos *holcanes* si no era en tiempo de guerra, no daban soldada, y cuando había guerra, los capitanes les daban cierta moneda, y poca, porque era de la suya, y si no bastaba, el pueblo ayudaba a ello. El pueblo dábales también la comida, y esa la aderezaban las mujeres para ellos; la llevaban a cuestas por carecer de bestias y así les duraban poco las guerras. Acabada la guerra, los soldados hacían muchas vejaciones en sus pueblos (mientras) duraba el olor de la guerra y sobre ello hacíanse servir y regalar; y si alguno había matado algún capitán o señor, era muy honrado y festejado.

XXX

PENAS Y CASTIGOS A LOS ADÚLTEROS, HOMICIDAS Y LADRONES. — EDUCACIÓN DE LOS MANCEBOS. — COSTUMBRE DE ALLANAR LA CABEZA A LOS NIÑOS

Que a esta gente les quedó de (sde) *Mayapán* (la) costumbre de castigar a los adúlteros de esta manera: hecha la pesquisa y convencido alguno del adulterio, se juntaban los principales en casa del señor, y traído el adúltero atábanle a un palo y le entregaban al marido de la mujer delincuente; si él le perdonaba, era libre; si no, le mataba con una piedra grande (que) dejábale (caer) en la cabeza desde una parte alta; a la mujer por satisfacción bastaba la infamia que era grande, y comúnmente por esto las dejaban.

La pena del homicida aunque fuese casual, era morir por insidias de los parientes, o si no, pagar el muerto. El hurto pagaban y castigaban aunque fuese pequeño, con hacer esclavos y por eso hacían tantos esclavos, principalmente en tiempo de hambre, y por eso fue que nosotros los frailes tanto trabajamos en el bautismo: para que les diesen libertad.

Y si eran señores o gente principal, juntábase el pueblo y prendido (el delincuente) le labraban el rostro desde la barba hasta la frente, por los dos lados, en castigo que tenían por grande infamia.

Que los mozos reverenciaban mucho a los viejos y tomaban sus consejos y así se jactaban de (ser) viejos y decían a los mozos lo que habían visto, que ellos les habían de creer; si los mozos acataban los consejos les daban más crédito a los ancianos. Eran tan estimados en esto, que los mozos no trataban con viejos sino en cosas inevitables (y eso, si) los mozos eran por casar; con los casados, muy poco. Por eso usaban tener en cada pueblo una casa grande y encalada, abierta por todas partes, en la cual se juntaban los mozos para sus pasatiempos. Jugaban a la pelota y a un juego con unas tabas como a los dados, y a otros muchos. Dormían aquí todos juntos casi siempre, hasta que se casaban.

Y dado que he oído que en otras partes de las Indias usaban en tales casas del nefando pecado, en esta tierra no he entendido que hiciesen tal, ni creo lo hacían porque los allegados de esta pestilencial miseria dicen que no son amigos de mujeres como eran éstos, que a esos lugares llevaban a las malas mujeres públicas y en ellos usaban de ellas, y las pobres que entre esta gente acertaba a tener este oficio, no obstante que recibían de ellos galardón, eran tantos los mozos que a ellas acudían, que las traían acosadas y muertas.

Embadurnábanse de color negro hasta que se casaban y no se solían labrar hasta casados, sino poco. En las demás cosas acompañaban siempre a sus padres y así salían tan buenos idólatras como ellos y servíanles mucho en los trabajos.

Que las indias criaban a sus hijitos en toda la aspereza y desnudez del mundo, porque a los cuatro o cinco días de nacida la criaturita poníanla tendidita en un lecho pequeño, hecho de varillas, y allí, boca abajo, le ponían entre dos tablillas la cabeza: la una en el colodrillo y la otra en la frente, entre las cuales se la apretaban tan reciamente y la tenían allí padeciendo hasta que acabados algunos días les quedaba la cabeza llana y enmoldada como la usaban todos ellos. Era tanta la molestia y el peligro de los pobres niños, que algunos peligraban, y el autor vio agujerarle a uno la cabeza por detrás de las orejas, y así debían hacer a muchos.

Criábanlos en cueros, salvo que de 4 a 5 años les daban una mantilla para dormir y unos listoncillos para honestarse como sus padres, y a las muchachas las comenzaban a cubrir de la cintura para abajo. Mamaban mucho porque nunca dejaban, en pudiendo, de darles leche aunque fuesen de tres o cuatro años, de donde venían haber entre ellos tanta gente de buenas fuerzas.

Criábanse los dos primeros años a maravilla lindos y gordos. Después con el continuo bañarlos las madres y los soles, se hacían morenos; pero eran todo el tiempo de la niñez bonicos y traviesos, que nunca paraban de andar con arcos y flechas y jugando unos con otros y así se criaban hasta que comenzaban a seguir el modo de vivir de los mancebos y tenerse en su manera en más, y dejar las cosas de niños.

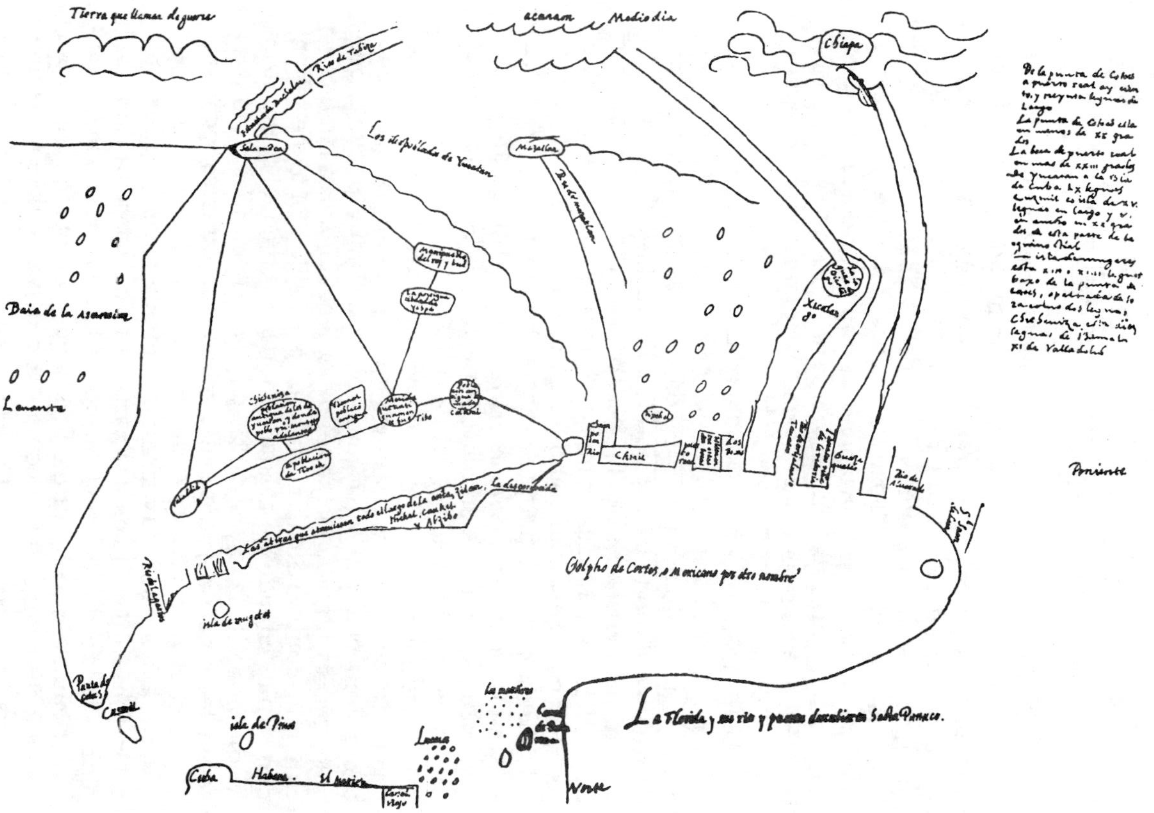

Mapa de la Península de Yucatán, que muestra el concepto que de ella se tenía en la época de Landa. El original está anexo a la *Relación*.

Mapa de la Península de Yucatán, según el concepto que se tenía de ella en la época de Landa.

XXXI

VESTIDOS Y ADORNOS DE LAS INDIAS DE YUCATÁN

Que las indias de Yucatán son en general de mejor disposición que las españolas y más grandes y bien hechas, que no son de tantos riñones como las negras. Précianse de hermosas las que lo son y a una mano no son feas; no son blancas sino de color moreno causado más por el sol y del continuo bañarse, que de su natural. No se adoban los rostros como nuestra nación, que eso lo tienen por liviandad. Tenían por costumbre aserrarse los dientes dejándolos como dientes de sierra y esto tenían por galantería y hacían este oficio unas viejas limándolos con ciertas piedras y agua.

Agujerábanse las narices por la ternilla que divide las ventanas por enmedio, para ponerse en el agujero una piedra de ámbar y teníanlo por gala. Horadábanse las orejas para ponerse zarcillos al modo de sus maridos; labrábanse el cuerpo de la cintura para arriba —salvo los pechos por el criar—, de labores más delicadas y hermosas que los hombres. Bañábanse muy a menudo con agua fría, como los hombres, y no lo hacían con sobrada honestidad porque acaecía desnudarse en cueros en el pozo donde iban por agua para ello. Acostumbraban, además, bañarse con agua caliente y fuego y de éste poco, y mas por causa de salud que por limpieza.

Acostumbraban untarse, como sus maridos, con cierto ungüento colorado, y las que tenían posibilidad, echábanse cierta confección de una goma olorosa y muy pegajosa que creo que es liquidámbar que en su lengua llaman *iztah-te* y con esta confección untaban cierto ladrillo como de jabón que tenían labrado de galanas labores y con aquel se untaban los pechos y brazos y espaldas y quedaban galanas y olorosas según les parecía; y durábales mucho sin quitarse según era bueno el ungüento.

Traían cabellos muy largos y hacían y hacen de ellos muy galán tocado partido en dos partes y trenzábanselos para otro modo de tocado. A las mozas por casar, suelen las madres curiosas curárselos con tanto cuidado que he visto muchas indias de tan curiosos cabellos como curiosas españolas. A las muchachas hasta que son grandecitas se los trenzan en cuatro cuernos y en dos, que les parecen muy bien.

Las indias de la costa y de las provincias de Bacalar y Campeche son muy honestas en su traje, porque allende de la cobertura que traían de la mitad para abajo, se cubrían los pechos atándoselos por debajo de los sobacos con una manta doblada; todas las demás no traían de vestidura más que un como saco largo y ancho, abierto por ambas partes y metidas en él hasta los cuadriles donde se los apretaban con el mismo anchor y no tenían más vestidura salvo que la manta con que siempre duermen, (manta) que, cuando iban en camino, usaban llevar cubierta, doblada o enrollada, y así andaban.

XXXII

CASTIDAD Y EDUCACIÓN DE LAS INDIAS DE YUCATÁN.—SUS RELEVANTES CUALIDADES Y SU ECONOMÍA. — SU DEVOCIÓN Y ESPECIALES COSTUMBRES EN SUS PARTOS

Preciábanse de buenas y tenían razón porque antes que conociesen nuestra nación, según los viejos ahora lloran, lo eran a maravilla y de esto traeré ejemplos: el capitán Alonso López de Avila, cuñado del adelantado Montejo, prendió una moza india y bien dispuesta y gentil mujer, andando en la guerra de Bacalar. Esta prometió a su marido, temiendo que en la guerra no la matasen, no conocer otro hombre si no (era) el y así no bastó persuasión con ella para que no se quitase la vida por no quedar en peligro de ser ensuciada por otro varón, por lo cual la hicieron aperrear.

A mí se me quejó una india por bautizar, de un indio bautizado, el cual andando enamorado de ella, que era hermosa, aguardó se ausentase su marido y se le fue una noche a su casa y después de manifestarle con muchos requiebros su intento y no bastarle, probó a dar dádivas que para ello llevaba, y como no aprovechasen, intentó forzarla; y con ser un gigantón y trabajar por ello toda la noche, no sacó de ella más que darle enojo tan grande que se me vino a quejar a mí de la maldad del indio, y era así lo que decía.

Acostumbraban volver las espaldas a los hombres cuando los topaban en alguna parte, y hacerles lugar para que pasasen, y lo mismo cuando les daban de beber, hasta que acababan de beber. Enseñan lo que saben a sus hijas y críanlas bien a su modo, que las riñen y las adoctrinan y hacen trabajar, y si hacen culpas las castigan dándoles pellizcos en las orejas y en los brazos. Si las ven alzar los ojos, las riñen mucho y se los untan con su pimienta, que es grave dolor; y si no son honestas, las aporrean y untan con la pimienta en otra parte, por castigo y afrenta. Dicen a las mozas indisciplinadas por mucho baldón y grave represión, que parecen mujeres criadas sin madre.

Son celosas y algunas tanto, que ponían las manos en quien tienen celos, y tan coléricas y enojadas aunque harto mansas, que algunas solían dar vuelta de pelo a los maridos con hacerlo ellos pocas veces. Son grandes trabajadoras y vividoras porque de ellas cuelgan los mayores y más trabajos de la sustentación de sus casas y educación de sus hijos y paga de sus tributos, y con todo esto, si es menester, llevan algunas veces carga mayor labrando y sembrando sus mantenimientos. Son a maravilla granjeras, velando de noche el rato que de servir sus casas les queda, yendo a los mercados a comprar y vender sus cosillas.

Crían aves de las suyas y las de Castilla para vender y para comer. Crían pájaros para su recreación y para las plumas, con las que hacen ropas galanas; y crían otros animales domésticos, de los cuales dan el pecho a los corzos, con lo que los crían tan mansos que no saben írseles al monte jamás, aunque los lleven y traigan por los montes y críen en ellos.

Tienen costumbre de ayudarse unas a otras al hilar las telas, y páganse estos trabajos como sus maridos los de sus heredades y en ellos tienen siempre sus chistes de mofar y contar nuevas, y a ratos un poco de murmuración. Tienen por gran fealdad mirar a los hombres y reírseles, y por tanto, que sólo esto bastaba para hacer cualquier fealdad, y sin más entremeses las hacían ruines. Bailaban por sí sus bailes y algunos con los hombres, en especial uno que llamaban *Naual* no muy honesto. Son muy fecundas y tempranas en parir y grandes criadoras, por dos razones: la una, porque la bebida de las mañanas que beben caliente, cría mucha leche y el continuo moler maíz y no traer los pechos apretados les hace tenerlos muy grandes, de donde les viene tener mucha leche.

Emborrachábanse también ellas en los convites, aunque por sí, ya que comían solas, y no se emborrachaban tanto como los hombres. Son gente que desea muchos hijos; la que carece de ellos los pedía a sus ídolos con dones y oraciones, y ahora los piden a Dios. Son avisadas y corteses y conversables con quien (uno) se entiende, y a maravilla bien partidas. Tienen pocos secretos y son tan limpias en sus personas y en sus cosas, por cuanto se lavan como los armiños.

Eran muy devotas y santeras, y así tenían muchas devociones con sus ídolos, quemándoles de sus inciensos, ofreciéndoles dones de ropa de algodón, comidas, bebidas y teniendo ellas por oficio hacer las ofrendas de comidas y bebidas que en las fiestas de los indios ofrecían; pero con todo eso no tenían por costumbre derramar su sangre a los demonios, ni lo hacían jamás. Ni tampoco las dejaban llegar a los templos (cuando hacían) sacrificios, salvo en ciertas fiestas a las que admitían a ciertas viejas para la celebración. Para sus partos acudían a las hechiceras, las cuales les hacían creer sus mentiras y les ponían debajo de la cama un ídolo de un demonio llamado *Ixchel*, que decían era la diosa de hacer las criaturas.

Nacidos los niños los bañan luego y cuando ya los habían quitado del tormento de allanarles las frentes y cabezas, iban con ellos al sacerdote para que les viese el hado y dijese el oficio que habían de tener y pusiese el nombre que habían de llevar el tiempo de su niñez, porque acostumbraban llamar a los niños por nombres diferentes hasta que se bautizaban o eran grandecillos; y después que dejaban aquéllos, comenzaban a llamarlos (por) el de los padres hasta que los casaban, que (entonces) se llamaban (por) el del padre y la madre.

XXXIII

DUELOS. — ENTIERROS DE LOS SACERDOTES. — ESTATUAS PARA CONSERVAR LAS CENIZAS DE LOS SEÑORES. — REVERENCIA QUE LES TRIBUTABAN. — CREENCIA ACERCA DE UNA VIDA FUTURA

Que esta gente tenía mucho, excesivo temor a la muerte y lo mostraban en todos los servicios que a sus dioses hacían no eran por otro fin ni para otra cosa sino para que les diesen salud y vida y mantenimientos. Pero ya que venían a morir, era cosa de ver las lástimas y llantos que por sus difuntos hacían y la tristeza grande que les causaban. Llorábanlos de día en silencio y de noche a altos y muy dolorosos gritos que era lástima oírlos. Andaban a maravilla tristes muchos días. Hacían abstinencias y ayunos por el difunto, especialmente el marido o la mujer, y decían (del difunto) que se lo había llevado el diablo, porque de él pensaban que les venían todos los males, en especial la muerte.

Muertos, los amortajaban, llenándoles la boca de maíz molido, que es su comida y bebida que llaman *koyem*, y con ello algunas piedras de las que tienen por moneda, para que en la otra vida no les faltase que comer. Enterrábanlos dentro de sus casas o a las espaldas de ellas, echándoles en la sepultura algunos de sus ídolos; y si era sacerdote, algunos de sus libros; y si hechicero, sus piedras de hechizo y pertrechos. Comúnmente desamparaban la casa y la dejaban yerma después de enterrados, menos cuando había en ella mucha gente con cuya compañía perdían algo del miedo que les quedaba de la muerte.

A los señores y gente de mucha valía quemaban los cuerpos y ponían las cenizas en vasijas grandes, y edificaban templos sobre ellas, como muestran haber hecho antiguamente los que se hallaron en *Izamal*. Ahora, en este tiempo, se halló que echaban las cenizas en estatuas huecas, hechas de barro, cuando (los muertos) eran muy señores.

La demás gente principal hacía a sus padres estatuas de madera a las cuales dejaban hueco el colodrillo, y quemaban alguna parte de su cuerpo y echaban allí las cenizas y tapábanlo; y después desollaban al difunto el cuero del colodrillo y pegábanselo allí, enterrando los residuos como tenían de costumbre; guardaban estas estatuas con mucha reverencia entre sus ídolos. A los antiguos señores *Cocom*, habían cortado las cabezas cuando murieron, y cocidas las limpiaron de la carne y después aserraron la mitad de la coronilla para atrás, dejando lo de adelante con las quijadas y dientes. A estas medías calaveras suplieron lo que de carne les faltaba con cierto betún y les dieron la perfección muy al propio de cuyas eran, y las tenían con las estatuas de las cenizas, todo lo cual tenían en los oratorios de las casas, con sus ídolos, en gran reverencia y acatamiento, y todos los días de sus fiestas y regocijos les hacían ofrendas de sus comidas para que no les faltase en la otra vida donde pensaban (que) sus almas descansaban y les aprovechaban sus dones.

Que esta gente ha creído siempre en la inmortalidad del

alma más que otras muchas naciones aunque no haya sido de tanta policía, porque creían que después de la muerte había otra vida más excelente de la cual gozaba el alma en apartándose del cuerpo. Esta vida futura, decían que se dividía en buena y mala vida, en penosa y llena de descanso. La mala y penosa, decían, era para los viciosos; y la buena y deleitosa para los que hubiesen vivido bien en su manera de vivir; los descansos que decían habrían de alcanzar si eran buenos, eran ir a un lugar muy deleitable donde ninguna cosa les diese pena y donde hubiese abundancia de comidas y bebidas de mucha dulzura, y un árbol que allá llaman *yaxché* muy fresco y de gran sombra, que es (una) ceiba, debajo de cuyas ramas y sombra descansarían y holgarían todos siempre.

Las penas de la mala vida que decían habrían de tener los malos, eran ir a un lugar más bajo que el otro que llaman *mitnal*, que quiere decir *infierno*, y en él ser atormentados por los demonios, y de grandes necesidades de hambre y frío y cansancio y tristeza. También había en este lugar un demonio, príncipe de todos los demonios, al cual obedecían todos y llámanle en su lengua *Hunhau*, y decían (que) estas mala y buena vida no tenía fin, por no tenerlo el alma. Decían también, y lo tenían por muy cierto, (que) iban a esta su gloria los que se ahorcaban; y así había muchos que con pequeñas ocasiones de tristeza, trabajos o enfermedades se ahorcaban para salir de ellas e ir a descansar a su gloria donde, decían, les venía a llevar la diosa de la horca que llamaban *Ixtab*. No tenían memoria de la resurrección de los cuerpos y no daban razón de quién hubieron noticia de esta su gloria e infierno.

XXXIV

CUENTA DEL AÑO YUCATECO. — CARACTERES DE LOS DÍAS. — LOS CUATRO BACABES Y SUS NOMBRES. — LOS DÍAS ACIAGOS

No se esconde ni aparta tanto el sol de esta tierra de Yucatán, que vengan las noches, jamás, a ser mayores que los días; y cuando mayores vienen a ser, suelen ser iguales desde San Andrés a Santa Lucía, que comienzan a crecer los días. Regíanse de noche para conocer la hora que era por el lucero y las cabrillas y los astilejos. De día, por el medio día, y desde él al oriente y poniente, tenían puestos a pedazos nombres con los cuales se entendían y se regían para sus trabajos.

Tenían su año perfecto como el nuestro, de 366 días y 6 horas. Divídenlo en dos maneras de meses, los unos de a 30 días que se llaman *U*, que quiere decir *luna*, la cual contaban desde que salía hasta que no parecía.

Otra manera de meses tenían de a 20 días, a los cuales llaman *Uinal Hunekeh*; de éstos tenía el año entero 18, más los cinco días y seis horas. De estas seis horas se hacía cada cuatro años un día, y así tenían de cuatro en cuatro años el año de 366 días. Para estos 360 días tienen 20 letras o caracteres con que los nombran, dejando de poner nombre a los otros cinco, porque los tenían por aciagos y malos. Las letras son las que siguen y lleva cada una su nombre debajo para que se entienda en nuestra lengua.

Ya he dicho que el modo de contar de los indios es de cinco en cinco, y de cuatro cincos hacen veinte; así, en estos sus caracteres que son 20, sacan los primeros de los cuatro cincos de los 20 y éstos sirven, cada uno de ellos, de lo que nos sirven a nosotros nuestras letras dominicales para comenzar todos los primeros días de los meses de a 20 días.

Kan Muluc Ix Cauac

Entre la muchedumbre de dioses que esta gente adoraba, adoraban cuatro llamados *Bacab* cada uno de ellos. Estos, decían, eran cuatro hermanos a los cuales puso Dios, cuando crió el mundo, a las cuatro partes de él sustentando el cielo (para que) no se cayese. Decían también de estos *bacabes* que escaparon cuando el mundo fue destruido por el diluvio. Ponen a cada uno de estos otros nombres y señálanle con ellos a la parte del mundo que Dios le tenía puesto (de) teniendo el cielo y aprópianle una de las cuatro letras dominicales a él y a la parte (en) que está; y tienen señaladas las miserias o felices sucesos que decían habían de suceder en el año de cada uno de éstos y de las letras con ellos.

Y el demonio, que en esto como en las demás cosas los engañaba, les señaló los servicios y ofrendas que para evadirse de las miserias le habían de hacer. Y así, si no les venían, decían (que) era por los servicios que le hacían; y si venían, los sacerdotes hacían entender y creer al pueblo (que) era por alguna culpa o falta de los servicios o de quienes los hacían.

La primera, pues, de las letras dominicales es *Kan*. El año que esta letra servía era el agüero del *Bacab* que por otros nombres llaman *Hobnil*, *Kanalbacab*, *Kanpauahtun*, *Kanxibchac*. A este le señalaban a la de medio día. La segunda letra es *Muluc*; señalábanla al oriente y su año era agüero del *Bacab* que llaman *Canzienal*, *Chacalbacab*, *Chacpauauhtun*, *Chacxibchac*. La tercera letra es *Ix*. Su año era agüero del *Bacab* que llaman *Zaczini*, *Zacalbacab*, *Zacpauauhtun*, *Zacxibchac* y señalábanle a la parte del norte. La cuarta letra es *Cauac*: su año era agüero del *Bacab* que llaman *Hozanek*, *Ekelbacab*, *Ekpauahtun*, *Ekxibchac*; a esta señalaban a la parte del poniente.

En cualquiera fiesta o solemnidad que esta gente hacía a sus dioses comenzaban siempre por echar de sí al demonio para mejor hacerla. Y el echarle unas veces era con oraciones y bendiciones que para ello tenían, y otras con servicios y ofrendas y sacrificios y por esta razón le hacían. Para celebrar la solemnidad del año nuevo, esta gente, con más regocijo y

Kan

Muluc

Ix

Cauac

más dignamente, según su desventurada opinión, tomaba los cinco días aciagos que ellos tenían por tales antes del día primero de su nuevo año y en ellos hacían muy grandes servicios a los *bacabes* citados arriba y al demonio al que llamaban por otros cuatro nombres, a saber, *Kanuuayayab*, *Chacuuayayab*, *Zacuuayayab*, *Ekuuayayab*; y acabados estos servicios y fiestas, y lanzado de sí, como veremos, el demonio, comenzaba su año nuevo.

XXXV

FIESTAS DE LOS DÍAS ACIAGOS. – SACRIFICIOS DEL PRINCIPIO DEL AÑO NUEVO EN LA LETRA DE KAN

Uso era en todos los pueblos de Yucatán tener hechos dos montones de piedras, uno frente a otro, a la entrada del pueblo y por las cuatro partes del mismo, a saber, oriente, poniente, septentrión y mediodía, para la celebración de las dos fiestas de los días aciagos, las cuales hacían de esta manera cada año.

El año cuya letra dominical era *Kan*, era del agüero *Hobnil*, y según ellos decían reinaban ambos por la parte del medio día. Este año, pues, hacían una imagen o figura hueca de barro del demonio que llamaban *Kanuuayayab*, y llevábanla a los montones de piedra seca que tenían hechos por la parte del mediodía; elegían un príncipe del pueblo, en cuya casa se celebraba estos días la fiesta, y para celebrarla hacían una estatua de un demonio al que llamaban *Bolonzacab*, la que ponía en casa del príncipe, aderezada en lugar público y al que todos pudiesen llegar.

Hecho esto se juntaban los señores y el sacerdote, y el pueblo de los hombres, y teniendo limpio y con arcos y frescuras aderezado el camino, hasta el lugar de los montones de piedra en donde estaba la estatua, iban por ella todos juntos, con mucha devoción. Llegados, la sahumaba el sacerdote con cuarenta y nueve granos de maíz molido con su incienso, y ello lo arrojaban al brasero del dominio y le sahumaban. Llamaban al maíz molido solo *zacah* y a la (bebida) de los señores *chahalté*. Sahumaban la imagen, degollaban una gallina y se la presentaban como ofrenda.

Hecho esto metían la imagen en un palo llamado *kanté* poniéndole a cuestas un ángel en señal de agua, y este año había de ser bueno y estos ángeles pintaban y hacían espantables; y así la llevaban con mucho regocijo y bailes a la casa del principal donde estaba la otra estatua de *Bolonzacab* Sacaban de casa de este principal, al camino para los señores y sacerdotes, una bebida hecha de cuatrocientos quince granos de maíz tostados que llaman *piculakakla*, y bebían todos de ella; llegados a la casa del principal, ponían esta imagen frente a la estatua del demonio que allí tenían, y así le hacían muchas ofrendas de comidas y bebidas, de carne y pescado, y repartían estas ofrendas a los extranjeros que allí se hallaban, y daban al sacerdote una pierna de venado.

Otros derramaban sangre cortándose las orejas y untaban con ella una piedra que allí tenían de un demonio (llamado) *Kanalacantun*. Hacían un corazón de pan y otro pan con pepitas de calabazas y ofrecíanlos a la imagen del demonio *Kanuuayayab*. Tenían así esta estatuta e imagen estos días aciagos y sahumábanlas con su incienso mezclado a los (granos de) maíz molido. Tenían creído que si no hacían estas ceremonias habían de tener ciertas enfermedades que ellos tienen en este año. Pasados estos días aciagos llevaban la estatua del demonio *Bolonzacab* al templo, y la imagen a la parte del oriente para ir allí al otro año por ella, y echábanla por ahí e íbanse a sus casas a entender en lo que le quedaba a cada uno por hacer en la celebración del año nuevo.

Terminadas las ceremonias y echado el demonio según su engaño, tenían este año por bueno pues reinaba con la letra *Kan* el *bacab Hobnil*, del que decían no había pecado como sus hermanos y por eso no les venían miserias en él. Pero porque muchas veces las había, proveyó el demonio que le hiciesen servicios para que así, cuando las hubiese, echasen la culpa a los servicios o servidores y quedasen siempre engañados y ciegos.

Mandábales, pues, hiciesen un ídolo que llamaban *Yzamnakauil* y que le pusiesen en su templo y le quemasen en el patio del templo tres pelotas de una leche o resina llamada *kik*, y que le sacrificasen un perro o un hombre, lo cual ellos hacían guardando el orden que ya se dijo, tenían con los que sacrificaban, salvo que el modo de sacrificar en esta fiesta era diferente, porque hacían en el patio del templo un gran montón de piedras y ponían al hombre o perro que habían se sacrificar en alguna cosa más alta que él, y echando atado al paciente de lo alto a las piedras, le arrebataban aquellos oficiales y con gran presteza le sacaban el corazón y le llevaban al nuevo ídolo, y se lo ofrecían entre dos platos. Ofrecían otros dones de comidas y en esta fiesta bailaban las viejas del pueblo que para ello tenían elegidas, vestidas de ciertas vestiduras. Decían que descendía un ángel y recibía este sacrificio.

XXXVI

SACRIFICIOS DEL AÑO NUEVO DE LA LETRA MULUC. — BAILE DE LOS ZANCOS.—DANZA DE LAS VIEJAS CON PERROS DE BARRO

El año en que la letra dominical era *Muluc*, tenía el agüero de *Canzienal* y a su tiempo elegían, los señores y el sacerdote, un principal para hacer la fiesta y después hacían la imagen del demonio como la del año pasado, a la cual llamaban *Chacuuayayab*, y llevábanla a los montones de piedra de hacia la parte del oriente, donde habían echado la pasada. Hacían una estatua del demonio llamado *Kinchahau* y poníanla en casa del principal en lugar conveniente, y desde allí, teniendo muy limpio y aderezado el camino, iban todos juntos con su acostumbrada devoción por la imagen del demonio *Chacuuayayab*.

Llegados, la sahumaba el sacerdote con cincuenta granos de maíz molidos y con su incienso, a lo cual llaman *zacah*. Daba el sacerdote a los señores que pusiesen en el brasero más incienso del que llamamos *chahalté* y después degollábanle la gallina, como al pasado, y tomando la imagen en un palo llamado *chasté* la llevaban, acompañándola todos con devoción y bailando unos bailes de guerra que llaman *holcanokot batelokot*. Sacaban al camino, a los señores y principales, su bebida de trescientos ochenta maíces tostados como la de atrás.

Llegados a casa del principal ponían esta imagen en frente de la estatua de *Kinchahau* y hacíanle todos sus ofrendas, las cuales repartían como las demás. Ofrecían a la imagen pan hecho con yemas de huevo, y otros con corazones de venados, y otro hecho con su pimienta desleída. Había muchos que derramaban sangre cortándose las orejas y untando con su sangre la piedra que allí tenían de un demonio que llamaban *Chacacantun*. Aquí tomaban muchachos y por fuerza les sacaban sangre de las orejas, dándoles cuchilladas en ellas. Tenían esta estatua e imagen hasta pasados los días aciagos y entretanto quemábanles sus inciensos. Pasados los días, llevaban la imagen a echar a la parte del norte y la otra al templo, y después íbanse a sus casas a entender en el aparejo de su año nuevo. Habían de temer, si no hacían las cosas dichas, mucho mal de ojos.

Este año en que la letra *Muluc* era dominical y reinaba el *bacab Canzienal* tenían por buen año porque decían que éste era el mejor y mayor de esos dioses *Bacabes* y así le ponían el primero en sus oraciones. Pero con todo eso les hacía el demonio hiciesen un ídolo llamado *Yaxcocahmut* y que lo pusiesen en el templo y quitasen las imágenes antiguas e hiciesen en el patio, delante del templo, un bulto de piedra en el cual quemaban de su incienso y una pelota de la resina o leche *kik*, haciendo allí oraciones al ídolo y pidiéndole remedio para las miserias que aquel año temían, las cuales eran poca agua y echar los maíces muchos hijos y cosas de esta manera, para cuyo remedio los mandaba el demonio ofrecerle ardillas y un paramento sin labores, el cual tejiesen las viejas que tenían por oficio bailar en el templo para aplacar a *Yaxcocahmut*.

Tenían otras muchas miserias y malas señales aunque era bueno el año si no hacían los servicios que el demonio les mandaba, lo cual era hacer una fiesta y en ella bailar un baile en muy altos zancos y ofrecerle cabezas de pavos y pan y bebidas de maíz; habían de ofrecerle (también) perros hechos de barro con pan en las espaldas, y las viejas habían de bailar con ellos en las manos y sacrificarle un perrito que tuviese las espaldas negras y fuese virgen; y los devotos habían de derramar su sangre y untar con ella la piedra del demonio *Chacacantun*. Tenían este sacrificio y servicio por agradable a su dios *Yaxcocahmut*.

XXXVII

SACRIFICIOS DEL AÑO NUEVO DE LA LETRA IX. —PRONÓSTICOS MALOS Y SUS REMEDIOS

El año en que la letra dominical era *Ix* y el agüero *Zaczini*, hecha la elección del principal que celebrase la fiesta, hacían la imagen del demonio llamado *Zacuuayayab* y llevábanla a los montones de piedra de la parte del norte, donde el año pasado la habían echado. Hacían una estatua al dominio *Yzamná* y poníanla en casa del principal, y todos juntos, y el camino aderezado, iban devotamente por la imagen de *Zacuuayayab*. Llegados la sahumaban como solían hacer y degollaban la gallina, y puesta la imagen en un palo llamado *Zachia* la traían con su devoción y bailes, los cuales llaman *alcabtan Kamahau*. Traíanles la bebida acostumbrada al camino y llegados a casa ponían esta imagen delante de la estatua de *Yzamná*, y allí todos le ofrecían sus ofrendas y las repartían, y a la estatua de *Zacuuayayab* ofrecían la cabeza de un pavo y empanadas de codornices y otras cosas y su bebida.

Otros se sacaban sangre y untaban con ella la piedra del demonio *Zacacantun*, y teníanse así los ídolos los días que faltaban hasta el año nuevo, y sahumábanlos con sus sahumerios hasta que llegado el día postrero llevaban a *Yzamná* al templo y a *Zacuuayayab* a la parte del poniente, a echarle por ahí para recibirla otro año.

Las miserias que temían este año, si eran negligentes en estos servicios, eran desmayos y amortecimientos y mal de ojos; teníanlo por ruin año de pan y bueno de algodón. Este año en que la letra dominical era *Ix* y reinaba el *bacab Zaczini* tenían por ruin año porque decían que habían de tener en él muchas miserias como gran falta de agua y muchos soles, los cuales habían de secar los maizales, de lo que les seguiría gran hambre, y del hambre hurtos, hurtos de esclavos y vender a los que los hiciesen. De esto les vendrían discordias y guerras entre sí propios o con otros pueblos. También decían que habría mudanza en el mando de los señores o de los sacerdotes por razón de las guerras y las discordias.

Tenían también un pronóstico: que algunos de los que quisiesen ser señores no prevalecerían. Decían que habrían de tener langosta, y que se despoblarían mucho sus pueblos por el hambre. Lo que el demonio les mandaba hacer para remedio de estas miserias, las cuales todas o algunas de ellas entendían les vendrían, era un ídolo que llamaban *Cinchahau Izamná*, y ponerlo en el templo donde le hacían muchos sahumerios y muchas ofrendas y oraciones y derramamientos de su sangre, con la cual untaban la piedra del demonio *Zacacantun*. Hacían muchos bailes y bailaban las viejas como solían, y en esta fecha hacían de nuevo un oratorio pequeño al demonio, o renovaban el viejo y en él se juntaban a hacer sacrificios y ofrendas y todos tomaban una solemne borrachera, pues era fiesta general y obligatoria. Había algunos santones que de su voluntad y por su devoción hacían otro ídolo como el de arriba y le ponían en otros templos donde se hacían ofrendas y borrachera. Estas borracheras y sacrificios tenían por muy gratos a los ídolos, y como remedio para librarse de las miserias del pronóstico.

XXXVIII

SACRIFICIOS DEL AÑO NUEVO EN LA LETRA CAUAC. — PRONÓSTICOS MALOS Y SU REMEDIO CON EL BAILE DEL FUEGO

El año que la letra dominical era *Cauac* y el agüero *Hozanek*, hecha la elección del principal para celebrar la fiesta, hacían la imagen del demonio llamado *Ekuuayayab* y llevábanla a los montones de piedra de la parte del poniente, donde el año pasado la habían echado. Hacían también una estatua a un demonio llamado *Uacmitunahau* y poníanla en casa del principal, en lugar conveniente, y desde allí iban todos juntos al lugar donde la imagen de *Ekuuayayab* estaba, y tenían para ello el camino muy aderezado. Llegados a ella sahumábanla el sacerdote y los señores, como solían, y degollaban la gallina. Hecho esto tomaban la imagen en un palo que llamaban *Yaxek*, y ponían a cuestas de la imagen una calavera y un hombre muerto, y encima un pájaro carnicero llamado *Kuch*, en señal de mortandad grande, pues por muy mal año tenían éste.

Llevábanlo después de esta manera, con su sentimiento y devoción, y bailando algunos bailes entre los cuales bailaban uno como cazcarientas *(sic)*, y así le llamaban *Xibalbaokot*, que quiere decir *baile del demonio*. Llegaban al camino los escanciadores con la bebida de los señores, la cual bebida llevaban al lugar de la estatua *Uacmitunahau*, y poníanla allí frente a la imagen que traían. Luego comenzaban sus ofrendas, sahumerios y oraciones y muchos derramaban la sangre de muchas partes del cuerpo, y con ella untaban la piedra del demonio llamado *Ekelacantun*, y así pasaban estos días aciagos, al cabo de los cuales llevaban a *Uacmitunahau* al templo y a *Ekuuayayab* a la parte de medio día, para recibirla otro año.

Este año en que la letra era *Cauac* y reinaba el *bacab Hozanek*, tenían, además de la pronosticada mortandad, por ruin, pues decían que los muchos soles les habrían de matar los maizales, y las muchas hormigas y los pájaros comerse lo que sembrasen; y como esto no sería en todas partes, en algunas, con gran trabajo, habría comida. Obligábales el demonio, para remedio de estas miserias, (a) hacer cuatro demonios llamados *Chicacchob*, *Ekbalamchac*, *Ahcanuolcab* y *Ahbulucbalam* y ponerlos en el templo donde los sahumaban con sus sahumerios y les ofrecían para quemar dos pellas de una leche o resina de un árbol que llamaban *kik*, y ciertas iguanas y pan, y una mitra y un manojo de flores, y una piedra preciosa de las suyas. Además de esto, para la celebración de esta fiesta hacían en el patio una gran bóveda de madera y llenábanla de leña por lo alto y por los lados, dejándoles en ellos puertas para poder entrar y salir. Después de hecho tomaban los más hombres sendos manojos de unas varillas secas y largas, atados; y puesto un cantor en lo alto de la leña, cantaba y hacía són con un tambor de los suyos, bailaban todos los de abajo con mucho concierto y devoción, entrando y saliendo por las puertas de aquella bóveda de madera, y así bailaban hasta la tarde en que dejando cada uno su manojo se iban a sus casas a descansar y a comer.

En anocheciendo volvían y con ellos mucha gente, porque entre ellos esta ceremonia era muy estimada y tomando cada uno su hachón lo encendía y con él cada uno por su par-

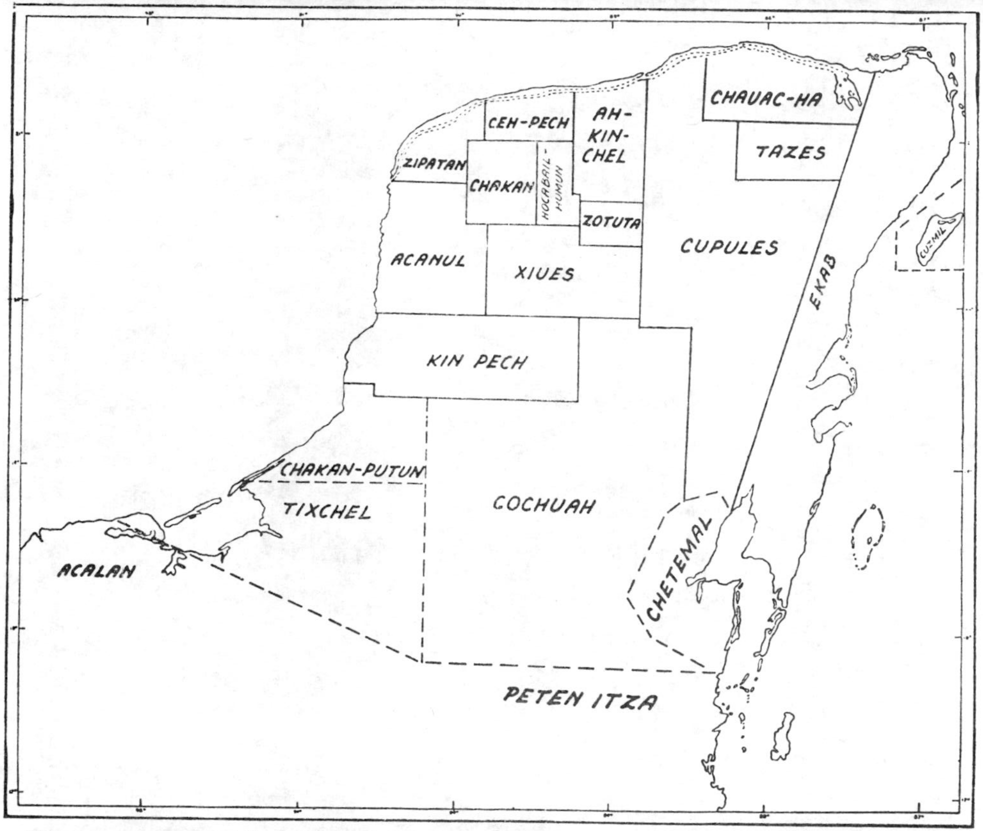

Muestra este plano una división aproximada de Yucatán en la época de la Conquista, con los cacicazgos entonces existentes.

División aproximada de Yucatán en la época de la Conquista con los cacicazgos que existían entonces.

te, pegaba fuego a la leña, la cual ardía mucho y se quemaba presto. Después de hecho todo brasa, la allanaban y tendían muy tendida y junto a los que habían bailado, había algunos que se ponían a pasar descalzos y desnudos, como ellos andaban, por encima de aquella brasa, de una parte a otra; y pasaban algunos sin lesión, otros abrasados y otros medio quemados y en esto creían que estaba el remedio de sus miserias y malos agüeros, y pensaban que este era el servicio más agradable a los dioses. Hecho esto, se iban a beber y hacer cestos, pues así lo pedía la costumbre de la fiesta y el calor del fuego.

XXXIX

EXPLICACIÓN SOBRE EL CALENDARIO

Con las letras de los indios puestas atrás, ponían nombres a los días de sus meses y de todos los meses juntos hacían un modo de calendario, con el cual se regían así para sus fiestas como para sus cuentas, tratas y negocios, como nosotros nos regimos con el nuestro, salvo que no comenzaban su calendario el día primero de su año, sino muy adelante, lo cual hacían por la dificultad con que contaban los días de los meses, todos juntos, como se verá en el propio calendario que pondré aquí; porque aunque las letras y días para sus meses son 20, tienen costumbre de contarlas desde una hasta 13. Tornan a comenzar de una después de las 13, y así reparten los días del año en 27 treces y 11 días sin los aciagos.

Con estos retruécanos y embarazosa cuenta, es cosa de ver la liberalidad con que los que (la) saben, cuentan y se entienden, y mucho de notar es que salga siempre la letra que es dominical en el primer día de su año, sin errar ni faltar, ni venir a salir allí otra de las 20. Usaban también de este modo de contar para sacar de estas letras cierto modo de contar que tenían para las edades y otras cosas que, aunque son para ellos curiosas, no nos hacen aquí mucho al propósito; y por eso se quedan, con decir que el carácter o letra con que comenzaban la cuenta de sus días o calendario se llama *Hun Imix* y es este:

—el cual no tiene día cierto ni señalado en que caiga porque cada uno le muda la propia cuenta y con todo eso no falta el salir la letra que viene por dominical el primero del año que se sigue.

El primer día del año de esta gente era siempre a 16 días de nuestro mes de julio, y el primero de sus meses (era) *Pop*, y no es de maravillar que esta gente, aunque simple en otras cosas, le hemos hallado curiosidad y opinión en esta, como la han tenido otras naciones, pues según la glosa sobre Ezequiel, enero es, según los romanos, el principio del año; según los hebreos, abril; según los griegos, marzo y según los orientales, octubre. Pero aunque ellos comienzan su año en julio, yo no pondré aquí su calendario sino por el orden del nuestro y junto con el nuestro, de manera que irán señaladas nuestras letras y las suyas, nuestros meses y los suyos y su cuenta de los trece sobre ellos, puesta en cuenta de guarismos.

Y porque no haya necesidad de poner en una parte el calendario y en otras las fiestas, pondré en cada uno de sus meses sus fiestas y las observancias y ceremonias con que las celebraban y con esto cumpliré lo que en alguna parte de atrás he dicho: que haré su calendario y en él diré de sus ayunos y de las ceremonias con que hacían los ídolos de madera y otras cosas, todas las cuales y las demás aquí tratadas no es mi intento sirvan de más de materia de alabar a la bondad divina que tal ha sufrido y tal ha tenido por bien remediar en nuestros tiempos, para que advirtiéndolas con entrañas cristianas le supliquemos por su conservación y aprovechamiento en buena cristiandad y los que a su cargo lo tengan, los favorezcan y ayuden porque por los pecados de esta gente o los nuestros, no les falte la ayuda, o ellos no falten en lo comenzado y así vuelvan a sus miserias ni a sus yerros y les acaezcan cosas peores que las primeras, tornando los demonios a las casas de sus almas, de donde con trabajosos ciudados hemos procurado echarlos, limpiándoselas y barriéndolas de sus vicios y malas costumbres pasadas; y no es mucho temer esto viendo la perdición que hace tantos años hay en toda la grande y muy cristiana Asia, y en la buena y católica y augustísima Africa, y las miserias y calamidades que el día de hoy pasan en nuestra Europa y en nuestra nación y casas, por lo cual podríamos decir se nos han cumplido las evangélicas profecías sobre Jerusalén de que la cercarían sus enemigos y la agostarían y apretarían tanto que la derrocasen por tierra; y esto ya lo habría permitido Dios, según somos, pero no puede faltar su iglesia ni lo que él dijo: *Dominus reliquisset semen, sicut Sodoma fuissemus.*

XL

COMIENZA EL CALENDARIO ROMANO Y YUCATECO

ENERO

Treces		Días	Meses de los indios
a	12	Ben	
b	13	Ix	
c	1	Men	
d	2	Cib	
e	3	Caban	
f	4	Ezanab	
g	5	Cauac	
a	6	Ahau	

Van con mucho temor, según decían, criando dioses. Acabados ya y puestos en perfección los ídolos, hacía el dueño de ellos un presente, el mejor que podía, de aves y caza y de su moneda para pagar con él el trabajo de quienes habían hecho los (ídolos), y los sacaban de la casilla poniéndolos en otra enramada para ello hecha en el patio, en la cual los bendecía el sacerdote con mucha solemnidad y abundancia de devotas oraciones, habiéndose quitado primero él y los oficiales el tizne, porque decían que ayunaban en tanto que hacían los (ídolos). Estando untado y echado el demonio como solían, y quemado el incienso bendito, ponían (el ídolo) en una petaquilla envuelto en un paño y lo entregaban al dueño, y él, con asaz devoción, lo recibía. Luego predicaba el buen sacerdote la excelencia del oficio de hacer dioses nuevos y del peligro que corrían quienes los b 7 Imix 

c 8 Ik 

d 9 Akbal 

e 10 Kan 

f 11 Chicchan 

g 12 Cimi 

a 13 Manik 

b 1 Lamat 

c 2 Muluc 

d 3 Oc 

e 4 Chuen 

f 5 Eb 

hacían si acaso no guardaban sus abstinencias y ayunos. Después comían muy bien y se emborrachaban mejor.

YAX

En cualquiera de los meses de *Chen* y *Yax*, y en el día que señalaba el sacerdote, hacían una fiesta que llamaban *Ocná*, que quiere decir *renovación del templo*; esta fiesta la hacían en honra de los *chaces* que tenían por dioses de los maizales, y en ella miraban los pronósticos de los *bacabes*, como más largo queda dicho y conforme al orden puesto en su lugar. Dicha fiesta la hacían cada año y además de esto renovaban los ídolos de barro y sus braseros, que era costumbre tener cada ídolo un braserito en que le quemasen su incienso, y si era menester, hacían de nuevo la casa o la renovaban y ponían en la pared la memoria de estas cosas con su caracteres.

g 6 Ben 

a 7 Ix 

b 8 Men 

c 9 Cib 

d 10 Caban 

e 11 Ezanab 

f 12 Cauac 

g 13 Ahau 

a 1 Imix 

Aquí comienza la cuenta del Calendario de los Indios diciendo en su lengua: Hun Imix.

b 2 Ik 

c 3 Akbal 

FEBRERO **ZAC**

d 4 Kan 

e 5 Chicchan 

En un día de este mes de *Zac* que el sacerdote señalaba, hacían los cazadores otra fiesta como la del mes de *Zip*, la cual servía para aplacar en los dioses la ira que tenían contra ellos y sus sementeras; y las hacían (también) por la sangre que derramaban en la caza, porque tenían por cosa horrenda cualquier derramamiento de sangre si no era en sus sacrificios, y por esta causa siempre que iban de caza invocaban al demonio y le quemaban incienso; y si podían, le untaban el rostro con la sangre del corazón de la tal caza.

f 6 Cimi 

g 7 Manik 

a 8 Lamat 

b 9 Muluc 

c 10 Oc 

d 11 Chuen 

e 12 Eb 

f 13 Ben 

g 1 Ix 

a 2 Men 

b 3 Cib 

c 4 Caban 

d 5 Ezanab 

e 6 Cauac 

f 7 Ahau 

g 8 Imix 

a 9 Ik 

En cualquier día que cayese este séptimo de *Ahau*, hacían una muy grande fiesta que duraba tres días, de sahumerios y ofrendas y su gentil borrachera; y porque esta fiesta es movible, tenían los cuidadosos sacerdotes cuidado de echarla con tiempo para que se ayunase debidamente.

CEH

b 10 Akbal 

c 11 Kan 

d 12 Chicchan 

e 13 Cimi 

f 1 Manik 

g 2 Lamat 

a 3 Muluc 

b 4 Oc 

c 5 Chuen 

MARZO

d 6 Eb 

e 7 Ben 

f 8 Ix 

g 9 Men 

a 10 Cib 

b 11 Caban 

c 12 Ezanab 

d 13 Cauac 

e 1 Ahau 

f 2 Imix 

g 3 Ik 

a 4 Akbal 

MAC

b 5 Kan 

c 6 Chicchan 

d 7 Cimi 

e 8 Manik 

f 9 Lamat 

g 10 Muluc 

a 11 Oc 

b 12 Chuen 

c 13 Eb 

d 1 Ben 

e 2 Ix 

f 3 Men 

En cualquier día de este mes de *Mac* hacía la gente anciana y los más viejos, una fiesta a los *chaces*, dioses de los panes, y a *Izamná*. Y un día o dos antes, hacían la siguiente ceremonia, a la cual llamaban en su lengua *Tuppkak*: tenían buscados animales y sabandijas del campo que podía haber y había en la tierra, y con ellos se juntaban en el patio del templo, en el cual se ponían los *chaces* y el sacerdote, sentados en las esquinas, como solían (hacer) para echar al demonio, con sendos cántaros de agua que allí les traían a cada uno. En medio ponían un gran manojo de varillas secas, atadas y enhiestas, y quemando primero de su incienso en el brasero, pegaban fuego a las varillas y en tanto que ardían, sacaban con liberalidad los corazones a las aves y animales, y echábanlos a quemar en el fuego; y si no había animales grandes como tigres, leones o lagartos, hacían corazones con su incienso; y si había animales y los mataban, traían sus corazones para aquel fuego. Quemados todos los corazones, mataban el fuego con los cántaros de agua de los *chaces*. Hacían esto para alcanzar con ello y la siguiente fiesta, buen año de agua para sus panes; luego celebraban la fiesta, diferentemente de las otras, pues g 4 Cib 

a 5 Caban 

b 6 Ezanab 

c 7 Cauac 

d 8 Ahau 

e 9 Imix 

f 10 Ik 

ABRIL

g 11 Akbal 

a 12 Kan 

b 13 Chicchan 

c 1 Cimi 

para ella no ayunaban, salvo el muñidor de ella, que éste ayunaba su ayuno. Venidos, pues, a celebrar la fiesta, se juntaba el pueblo, los sacerdotes y los oficiales en el patio del templo donde tenían hecho un montón de piedras con sus escaleras, todo muy limpio y aderezado de frescuras. Daba el sacerdote incienso preparado por el muñidor, (incienso) que se quemaba en el brasero y así dizque huía el demonio. Hecho esto con su devoción acostumbrada, untaban el primer escalón del montón de las piedras con lodo del pozo, y los demás escalones con betún azul, y echaban muchos sahumerios e invocaban a los *chaces* y a *Izamná* con sus oraciones y devociones, y ofrecían sus presentes. Esto acabado, se consolaban comiendo y bebiendo lo ofrecido y quedaban confiados del buen año con sus servicios e invocaciones.

KANKIN

d	2	Manik	
e	3	Lamat	
f	4	Muluc	
g	5	Oc	
a	6	Chuen	
b	7	Eb	
c	8	Ben	
d	9	Ix	
e	10	Men	
f	11	Cib	
g	12	Caban	
a	13	Ezanab	
b	1	Cauac	
c	2	Ahau	

d 3 Imix 

e 4 Ik 

f 5 Akbal 

g 6 Kan 

a 7 Chicchan 

b 8 Cimi 

c 9 Manik 

d 10 Lamat 

e 11 Muluc 

f 12 Oc 

g 13 Chuen 

a 1 Eb 

MUAN

En el mes de *Muan* los que tenían cacahuates hacían una fiesta a los dioses *Ekchuah*, *Chac* y *Hobnil*, que eran sus abogados. Ibanla a hacer a alguna heredad de alguno de ellos, donde sacrificaban un perro manchado por el color del cacao y quemaban a los ídolos su incienso y ofrecíanles iguanas de las azules, y ciertas plumas de un pájaro y otras cazas, y daban a cada uno de los oficiales una mazorca de la fruta del cacao. Acabado el sacrificio y sus oraciones, comíanse los presentes y bebían dizque no más tres veces del vino, que no llegaban a más, e íbanse a casa del que tenía la fiesta a (su) cargo, y hacíanse unas pasas (sic) con regocijo.

MAYO

b 2 Ben 

c 3 Ix 

d 4 Men 

e 5 Cib 

f 6 Caban 

g 7 Ezanab 

a 8 Cauac 

b 9 Ahau 

c 10 Imix 

d 11 Ik 

PAX

e 12 Akbal 

En este mes de *Pax* hacían una fiesta llamada *Pacumchac*, para la cual se juntaban los señores y sacerdotes de los pueblos menores a los mayores, y así juntos, velaban cinco noches en el templo de *Citchaccoh*,

f 13 Kan 

g 1 Chicchan 

a 2 Cimi
b 3 Manik
c 4 Lamat
d 5 Muluc
e 6 Oc
f 7 Chuen
g 8 Eb
a 9 Ben
b 10 Ix
c 11 Men
d 12 Cib
e 13 Caban

con oraciones, ofrendas y sahumerios, como está dicho hacen en la fiesta de *Cuculcán*, en el mes de *Xul*, en noviembre. Antes de pasados estos días, iban todos a casa del capitán de sus guerras, llamado *Nacón*, del cual traté; y traíanle con gran pompa sahumándole como a ídolo de templo, y le sentaban quemándole incienso y así estaban él y ellos hasta pasados los cinco días, en los cuales comían y bebían de los dones que se ofrecían en el templo, y bailaban un baile a manera de paso largo de guerra, y así le llaman *Holkanakot*, que quiere decir *baile de guerreros*. Pasados los cinco días, venían a la fiesta, la cual porque era para cosas de guerra y alcanzar la victoria sobre los enemigos, era muy solemne. Hacían, pues, primero la ceremonia y sacrificios del fuego, como dije en el mes de *Mac*; después echaban al demonio con mucha solemnidad como solían, y hecho esto venía el orar y ofrecer dones y sahumerios, y en tanto que la gente hacía estas sus ofrendas y oraciones, los señores tomaban en hombros al *Nacón* y traíanlo sahumándole en torno del templo; y cuando volvían con él, los *chaces* sacrificaban un perro y sacábanle el corazón y enviábanlo entre dos platos al demonio, y los *chaces* quebraban sendas ollas grandes llenas de bebida y con esto acababan su fiesta. Acabada, comían y bebían los f 1 Ezanab 

g 2 Cauac 

a 3 Ahau 

b 4 Imix 

c 5 Ik 

d 6 Akbal 

presentes que allí se habían ofrecido y llevaban al *Nacón* con mucha solemnidad a su casa, pero sin perfumes.

Allá tenían gran fiesta y en ella se emborrachaban los señores, los sacerdotes y los principales, y la demás gente íbase a sus pueblos, salvo que el *Nacón* no se emborrachaba. Otro día, después de digerido el vino, se juntaban todos los señores y sacerdotes de los pueblos que se habían embriagado y quedado allí, en casa del señor, quien les repartía mucha cantidad de su incienso que tenía aparejado y bendito por aquellos benditos sacerdotes; y junto con ello les hacía una plática y con mucha eficacia les encomendaba las fiestas que, en sus pueblos, ellos habían de hacer a sus dioses para que el año fuese próspero de mantenimientos. Hecha la plática se despedían todos, unos de otros, con mucho amor y batahola y cada uno se iba a su pueblo y casa. Allá trataban de hacer sus fiestas, las cuales les duraban, según las hacían, hasta el mes de *Pop*, y llamábanlas *Zabacilthan*, y las hacían de esta manera: miraban en el pueblo, entre los más ricos, quién quería hacer esta fiesta y encomendábanle su día por tener más agasajo estos tres meses que había hasta su año nuevo; y lo que hacían era juntarse en casa del que hacía la fiesta, y allí hacer las ceremonias de echar al demonio y quemar copal y hacer ofrendas con regocijos y bailes, y hacerse unas botas de vino, y en esto paraba todo; y era tanto el exceso que había de estas fiestas durante los tres meses, que lástima grande era verlos, que unos andaban arañados, otros descalabrados, otros (con) los ojos encarnizados del mucho emborracharse, y con todo eso (tenían tanto) amor al vino, que se perdían por él.

		JUNIO		KAYAB
e	7	Kan		
f	8	Chicchan		
g	9	Cimi		
a	10	Manik		
b	11	Lamat		
c	12	Muluc		
d	13	Oc		
e	1	Chuen		
f	2	Eb		
g	3	Ben		
a	4	Ix		
b	5	Men		
c	6	Cib		
d	7	Caban		

e 8 Ezanab 

f 9 Cauac 

g 10 Ahau 

a 11 Imix 

b 12 Ik 

c 13 Akbal 

CUMKU

d 1 Kan 

e 2 Chicchan 

f 3 Cimi 

g 4 Manik 

a 5 Lamat 

b 6 Muluc 

c 7 Oc 

d 8 Chuen 

e 9 Eb 

f 10 Ben 

JULIO

g 11 Ix 

a 12 Men 

b 13 Cib 

c 1 Caban 

d 2 Ezanab 

e 3 Cauac 

f 4 Ahau 

g 5 Imix 

a 6 Ik 

b 7 Akbal 

c Kan

Dicho queda en pasados capítulos, que los indios comenzaban sus años desde estos días sin nombre, aparejándose en ellos como en la vigilia para la celebración de la fiesta de su año nuevo; y allende del aparejo que hacían con la fiesta del demonio *Uuayayab*, para la cual salían de sus casas; los demás aparejos eran d 

e 

f 

g 

salir muy poco de casa estos cinco días, y ofrecer, además de los dones de la fiesta general, cuentas a sus demonios y a los otros (ídolos) de sus templos. Estas cuentas que así ofrecían nunca (las) tomaban para sus usos, (como ninguna otra) cosa que al demonio ofreciesen, y de ellas (sólo) compraban incienso para quemar. En estos días no se peinaban ni lavaban, ni las mujeres ni los hombres (se) espulgaban, ni hacían cosa servil o trabajosa, porque temían que les sucediera algún mal si lo hacían.

POP

a 12 Kan 

b 13 Chicchan 

c 1 Cimi 

d 2 Manik 

e 3 Lamat 

f 4 Muluc 

El primer día de *Pop* es el primero del primer mes de los indios; era su año nuevo y, entre ellos, fiesta muy celebrada porque era general y de todos; y así todo el pueblo junto, hacía fiesta a todos los ídolos. Para celebrarla con más solemnidad, renovaban en este día todas las cosas de su servicio, como platos, vasos, banquillos, y la ropa vieja y las mantillas en que tenían envueltos a los ídolos. Barrían sus casas y la basura y los trastos viejos echábanlos fuera del pueblo, al muladar, y nadie, aunque los hubiese menester, los tocaba. Para esta fiesta comenzaban un tiempo antes à ayunar y abstenerse de sus g 5 Oc

a 6 Chuen

b 7 Eb

c 8 Ben

d 9 Ix

e 10 Men

f 11 Cib

g 12 Caban

a 13 Ezanab

b 1 Cauac

AGOSTO

c 2 Ahau

mujeres los señores, el sacerdote y la gente principal y los que más (así) lo querían por su devoción, según les parecía, que algunos comenzaban tres meses antes, otros dos, y otros como les parecía, pero ninguno menos de trece días; y en estos trece días añadían a la abstinencia de la mujer no comer en los manjares ni sal ni pimienta, lo que era tenido entre ellos por gran penitencia. En este tiempo elegían (a) los oficiales *chaces* para ayudar al sacerdote, y éste aparejaba muchas pelotillas de su incienso fresco en unas tablillas que tenían los sacerdotes; incienso que los abstinentes y ayunantes quemaban a los ídolos. Quienes comenzaban estos ayunos no osaban quebrantarlos porque creían que les vendría algún mal en sus personas o casas.

Venido, pues, el año nuevo, se juntaban todos los varones en el patio del templo, solos, porque en ningún sacrificio o fiesta que en el templo se hacía habían de hallarse mujeres, salvo las viejas que habían de hacer sus bailes. En las fiestas que hacían en otras partes podían ir y hallarse las mujeres. Aquí iban limpios y galanos de sus unturas coloradas, y quitado el tizne negro de que andaban untados cuando ayunaban. Congregados todos y con muchos presentes de comidas y bebidas, y mucho vino que had 3 Imix 

e 4 Ik 

f 5 Akbal 

bían hecho, purgaba el sacerdote el templo sentándose en medio del patio, vestido de pontifical, (teniendo) cerca de sí un braserito y las tablillas del incienso. Sentábanse los *chaces* en las cuatro esquinas y tiraban un cordel nuevo de uno a otro lado, dentro del cual habían de entrar todos los que habían ayunado para echar al demonio. Echado el demonio, todos comenzaban sus devotas oraciones y los *chaces* sacaban lumbre nueva; quemaban el incienso al demonio y el sacerdote comenzaba a echar su incienso en el brasero, y venían todos por orden, comenzando con los señores, a recibir incienso de la mano del sacerdote, lo cual él les daba con tanta mesura y devoción como si les diera reliquias, y ellos lo echaban poco a poco en el brasero aguardando hasta que se hubiese acabado de quemar. Después de este sahumerio, comían entre todos los dones y presentes, y andaba el vino hasta que se hacían unas cubas; y este era su año nuevo y servicio muy acept(ado) por sus ídolos. Había después algunos otros que dentro de este mes de *Pop* celebraban esta fiesta por su devoción (y) con sus amigos y con los señores y sacerdotes, que sus sacerdotes siempre eran los primeros en sus regocijos y bebidas.

UO

g 6 Kan

a 7 Chicchan

b 8 Cimi

c 9 Manik

d 10 Lamat

e 11 Muluc

f 12 Oc

g 13 Chuen

a 1 Eb

b 2 Ben

c 3 Ix

d 4 Men

e 5 Cib

f 6 Caban

g 7 Ezanab 

a 8 Cauac 

b 9 Ahau 

c 10 Imix 

d 11 Ik 

e 12 Akbal 

En el mes de *Uo* se comenzaban a aparejar con ayunos y las demás cosas, para celebrar la fiesta, los sacerdotes, los médicos y hechiceros, que era todo uno. Los cazadores y pescadores veníanla a celebrar a siete de *Zip*; y celebrábanla por sí, cada uno de estos, en su día: primero los sacerdotes, (fiesta) a la cual llamaban *Pocam*. Se juntaban en casa del señor con sus aderezos, echaban antes al demonio, como solían hacerlo y después sacaban sus libros y los tendían sobre las frescuras que para ello tenían, e invocando con sus oraciones y su devoción a un ídolo que llamaban *Cinchau-Izamná*, del cual dicen fue el primer sacerdote, y ofrecíanle sus dones y presentes y quemábanle con la lumbre nueva sus pelotillas de incienso; entre tanto, desleían en su vaso un poco de su cardenillo, con agua virgen, que ellos decían, traída del monte donde no llegase mujer, y untaban con ello las tablas de los libros para su mundificación, y hecho esto abría el más docto de los sacerdotes un libro y miraba los pronósticos de aquel año y los declaraba a los presentes, y predicábales un poco encomendándoles los remedios; y en esta fiesta señalaba, para el otro año, al sacerdote o señor que había de hacerla; y si moría el que señalaban para hacerla, los hijos quedaban obligados a cumplir por el difunto. Hecho esto, comían todos los dones y comida que habían traído, y bebían hasta hacerse (unos) zaques y así acababa la fiesta en la cual bailaban algunas veces un baile que llaman *Okotuil*.

ZIP

f 13 Kan 

g 1 Chicchan 

a 2 Cimi 

b 3 Manik 

c 4 Lamat 

d 5 Muluc 

e 6 Oc 

SEPTIEMBRE

f 7 Chuen 

g 8 Eb 

a 9 Ben 

b 10 Ix 

Al día siguiente se juntaban los médicos y hechiceros en casa de uno de ellos, con sus mujeres, y los sacerdotes echaban al demonio; hecho lo cual, sacaban los envoltorios de sus medicinas en que traían muchas niñerías y sendos idolillos de la diosa de la medicina que llamaban *Ixchel*, y así a esta fiesta llamaban *Ihcil Ixchel*, y unas pedrezuelas de las suertes que echaban y llamaban *Am* y con su mucha devoción invocaban con oraciones a c 11 Men 

los dioses de la medicina que decían *Izamná*, *Citboluntun* y *Ahau Chamahez*, y dándoles los sacerdotes el incienso, lo quemaban en el brasero del fuego nuevo entre tanto los *chaces* embadurnábanlos con otro betún azul como el de los libros de los sacerdotes. Hecho esto envolvía cada uno las cosas de su oficio y tomando el envoltorio a cuestas bailaban todos un baile llamado *Chan-tun-yab*. Acabado el baile se sentaban de una parte los varones y de la otra las mujeres, y sorteando la fiesta para el otro año, comían de los presentes y emborrachábanse muy sin asco, salvo los sacerdotes que dizque habían vergüenza y guardaban el vino para beber a solas y a su placer.

d 12 Cib 

e 13 Caban 

f 1 Ezanab 

g 2 Cauac 

a 3 Ahau 

b 4 Imix 

El día siguiente se juntaban los cazadores en una casa de uno de ellos y llevando consigo a sus mujeres como los demás, venían los sacerdotes y echaban el demonio como solían. Ya echado, ponían en medio el aderezo para el sacrificio de incienso y fuego nuevo y betún azul. Y con su devoción invocaban los cazadores a los dioses de la caza, *Acanum*, *Zuhuyzib Zipitabai* y otros, y repartíanles el incienso, el cual echaban al brasero; y en tanto que ardía, sacaba cada uno una flecha y una calavera de venado, las cuales untaban los *chaces* con el betún azul. Ya untadas, bailaban con ellas en las manos; otros se horadaban las orejas, otros la lengua y pasaban por los agujeros siete hojas de una yerba, algo anchas, que llaman *Ac*. Habiendo hecho esto primero, el sacerdote y los oficiales de la fiesta ofrecían luego los dones, y así bailando, se escanciaba el vino y se emborrachaban hechos unos cestos.

c 5 Ik 

d 6 Akbal 

Al día siguiente los pescadores hacían su fiesta por el orden de los demaś, salvo que lo untado eran los aparejos de pescar y no se horadaban las orejas sino harpábanselas a la redonda y bailaban su baile llamado *Chohom*; y hecho todo bendecían un palo alto y gordo y poníanle enhiesto. Tenían costumbre, después de que habían hecho la fiesta en los pueblos, irla a hacer a la costa los señores y mucha gente; y allá hacían muy grandes pesquerías y regocijos y llevaban gran recado de redes y anzuelos y otras industrias con que pescan. Los dioses que en esta fiesta eran sus abogados son *Ahkaknexoi*, *Ahpua* y *Ahcitzamalcun*.

ZODZ

En el mes de *Zodz* se aparejaban los señores de los colmenares para celebrar su fiesta en *Tzec*, y aunque el aparejo principal de estas fiestas era el ayuno, no obligaba más que al sacerdote y oficiales que le ayudaban; para los demás era voluntario.

e 7 Kan 

f 8 Chicchan 

g 9 Cimi 

a 10 Manik 

b 11 Lamat 

c 12 Muluc 

d 13 Oc 

e 1 Chuen 

f 2 Eb 

g 3 Ben 

a 4 Ix 

b 5 Men 

c 6 Cib 

d 7 Caban 

e 8 Ezanab 

f 9 Cauac 

g 10 Ahau 

OCTUBRE

a 11 Imix 

b 12 Ik 

c 13 Akbal 

TZEC

Venido el día de la fiesta se aparejaban en la casa en que ésta se celebraba y hacían todo lo que en las demás, salvo que no derramaban sangre. Tenían por abogados a los *bacabes* y especialmente a *Hobnil*. Hacían muchas ofrendas y en especial daban a los cuatro *chaces* cuatro platos con sendas pelotas de incienso en medio de cada uno y pintadas a la redonda unas figuras de miel, que para la abundancia de ella era esta fiesta. Concluíanla con vino, como solían, y harto, porque daban para ello en abundancia los dueños de las colmenas de miel.

d 1 Kan 

e 2 Chicchan 

f 3 Cimi 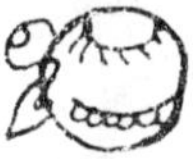

g 4 Manik 

a 5 Lamat 

b 6 Muluc 

c 7 Oc 

d 8 Chuen 

e 9 Eb 

f 10 Ben 

g 11 Ix 

a 12 Men 

b 13 Cib 

c 1 Caban 

d 2 Ezanab 

e 3 Cauac 

f 4 Ahau 

g 5 Imix 

a 6 Ik 

b 7 Akbal 

c 8 Kan 

d 9 Chicchan 

e 10 Cimi 

f 11 Manik 

g 12 Lamat 

a 13 Muluc 

XUL

Queda dicha la ida de *Cuculcán*, de Yucatán, después de la cual hubo entre los indios algunos que dijeron se había ido al cielo con los dioses, y por eso le tuvieron por dios y le señalaron templo en que como a tal le celebrasen su fiesta, y se la celebró toda la tierra hasta la destrucción de *Mayapán*. Después de esta destrucción, dicha fiesta se celebraba sólo en la provincia de *Maní*; y las demás, en reconocimiento de lo que debían a *Culculcán*, presentaban a *Maní*, una un año y otra en el otro año, o a las veces, cinco muy galanas banderas de pluma, con las cuales hacían la fiesta en esta manera y no como las pasadas: a 16 de *Xul* se juntaban b 1 Oc 

c 2 Chuen 

NOVIEMBRE

d 3 Eb 

e 4 Ben 

f 5 Ix 

g 6 Men 

a 7 Cib 

b 8 Caban 

c 9 Ezanab 

d 10 Cauac 

e 11 Ahau 

todos los señores y sacerdotes en *Maní*, con ellos gran gentío de los pueblos, el cual venía ya preparado de ayunos y abstinencias. Aquel día, en la tarde, salían con gran procesión de gente, y con muchos de sus farsantes, de casa del señor donde se habían juntado, e iban con gran sosiego al templo de *Culculcán*, el cual tenían muy aderezado; y llegados, hacían sus oraciones, ponían las banderas en lo alto del templo y abajo, en el patio, tendían todos cada uno de sus ídolos sobre hojas de árboles que para ello había, y sacada la lumbre nueva comenzaban a quemar en muchas partes incienso y a hacer ofrendas de comidas guisadas sin sal ni pimienta, y de bebidas de sus habas y pepitas de calabaza; y quemando siempre copal, sin volver los señores a sus casas, (ni quienes) los habían ayudado, pasaban cinco días y cinco noches en oraciones y en algunos bailes devotos. Hasta el primer día de *Yaxkin* andaban los farsantes estos cinco días por las casas principales haciendo farsas, y recogían los presentes que les daban y todo lo llevaban al templo, donde acabados de pasar los cinco días repartían los dones entre los señores, sacerdotes y bailadores y cogían las banderas e ídolos y se volvían a casa del señor y de allí cada cual a la suya. Decían y tenían muy creído, que el postrer día bajaba *Cuculcán* del cielo y recibía los servicios, vigilias y ofrendas. Llamaban a esta fiesta *Chickabán*.

f 12 Imix 

g 13 Ik 

a 1 Akbal 

YAXKIN

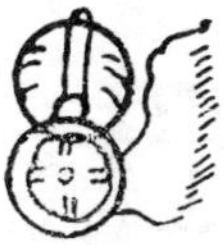

En este mes de *Yaxkin* se comenzaban a aparejar, como solían, para una fiesta general que hacían en *Mol*, en el día que señalaba el sacerdote; (esta fiesta estaba dedicada) a todos los dioses. Llamábanla *Olob-Zab-Kamyax*. Lo que pretendían, después de juntos en el templo y hechas las ceremonias y sahumerios como en las fiestas pasadas, era untar con el betún azul que hacían, todos los instrumentos de todos los oficios: desde (los) del sacerdote hasta los husos de las mujeres y los postes de las casas. Para esta fiesta juntaban todos los niños y niñas del pueblo y en vez de embadurnamientos y ceremonias, les daban en las coyunturas de las manos, por la parte de fuera, unos golpecillos; a las niñas se los daba una vieja vestida con un hábito de plumas, misma que allí las llevaba y por

b 2 Kan 

c 3 Chicchan 

d 4 Cimi 

e 5 Manik 

f 6 Lamat 

g 7 Muluc 

a 8 Oc 

b 9 Chuen 

eso la llamaban *Ixmol*, que quiere decir *la allegadera*. Dábanles estos golpes para que saliesen expertos oficiales en los oficios de sus padres y madres. La conclusión era con buena borrachera, ya comidas las ofrendas, salvo que es de creer que aquella devota vieja llevaría con qué emborracharse en casa para no perder las plumas del oficio en el camino.

c 10 Eb 

d 11 Ben 

e 12 Ix 

f 13 Men 

g 1 Cib 

a 2 Caban 

b 3 Ezanab 

c 4 Cauac 

d 5 Ahau 

e 6 Imix 

DICIEMBRE

f 7 Ik 

g 8 Akbal 

a 9 Kan 

b 10 Chicchan 

c 11 Cimi 

d 12 Manik 

e 13 Lamat 

f 1 Muluc 

g 2 Oc 

a 3 Chuen 

b 4 Eb 

MOL

En este mes tornaban los colmeneros a hacer otra fiesta como la de *Tzec*, para que los dioses proveyesen de flores a las abejas.

Una de las cosas que estos pobres tenían por más ardua y dificultosa era hacer ídolos de palo, a lo cual llamaban hacer dioses; y así tenían señalado tiempo particular para hacerlos, y éste era el mes de *Mol* u otro, si el sacerdote les decía que bastaba. Los que querían hacerlos consultaban primero al sacerdote y tomando su consejo iban al oficial de ellos, y dicen que siempre se excusaban los oficiales porque temían que ellos o alguno de sus casas se habían de morir o venirles enfermedades de muerte. Si aceptaban, los *chaces*, que para esto también elegían, comenzaban sus ayunos. En tanto que ellos ayunaban, aquel cuyos eran los ídolos, iba o enviaba al monte por la madera que siempre era de cedro. Venida la madera, hacían una casilla de paja, cercada, donde la metían y una tinaja para echar a los ídolos y allí tenerlos tapados según los fuesen haciendo; metían incienso para quemarle a cuatro demonios llamados *Acantunes*, que ponían a las cuatro partes del mundo. Metían con qué cortarse o sacarse sangre de las orejas y la herramienta para labrar los negros dioses y con estos aderezos se encerraban en la casilla los *chaces*, el sacerdote y el oficial y comenzaban su labor de dioses cortándose a menudo las orejas y untando con la sangre aquellos demonios y quemándoles su incienso y así perseveraban hasta acabar, dándoles (entonces) de comer. Y no habían de conocer a sus mujeres ni por pienso, ni aun llegar nadie a aquel lugar donde ellos estaban.

c 5 Ben 

d 6 Ix 

e 7 Men 

f 8 Cib 

g 9 Caban 

a 10 Ezanab 

b 11 Cauac 

c 12 Ahau 

d 13 Imix 

e 1 Ik 

f 2 Akbal 

d 7 Lamat 

e 8 Muluc 

f 9 Oc 

CHEN

g 3 Kan 

a 4 Chicchan 

d 7 Lamat

b 5 Cimi 

e 8 Muluc

c 6 Manik 

f 9 Oc

g 10 Chuen 

a 11 Eb 

XLI

SIGLO DE LOS MAYAS. – ESCRITURA DE ELLOS

No sólo tenían los indios cuenta del año y de los meses, como queda dicho y señalado atrás, sino que tenían cierto modo de contar los tiempos y sus cosas por edades, las cuales hacían de veinte en veinte años, contando 13 veintes con una de las

20 letras de los días que llaman *Ahau*, sin orden sino retrucadas como aparecen en el siguiente círculo:

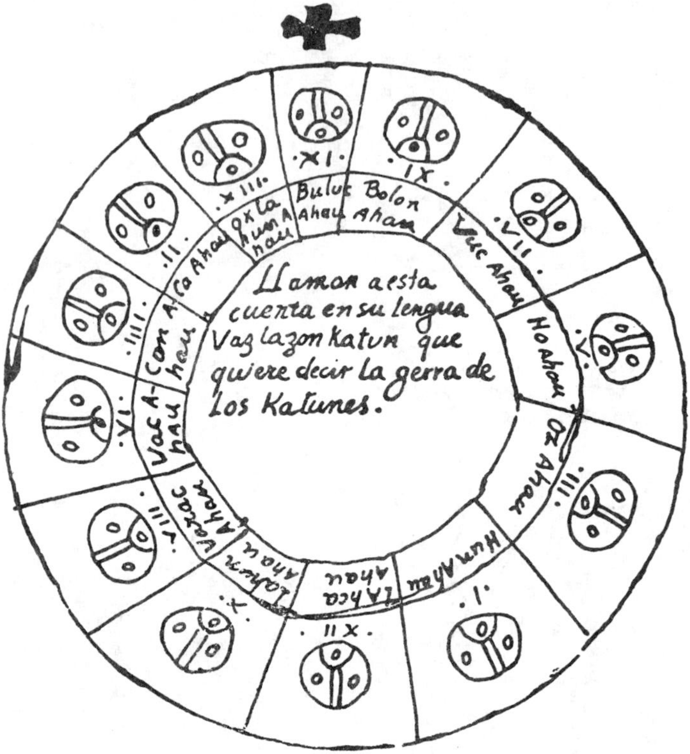

Llámanles a estos en su lengua *Katunes*, y con ellos tenían, a maravilla, cuenta de sus edades, y le fue así fácil al viejo de quien en el primer capítulo dije,* había trescientos años después, acordarse de ellos. Y si yo no supiera de estas sus cuentas, no creyera pudiese así acordar de tanta edad.

* Fray Diego de Landa no menciona a ningún viejo en el capítulo primero. Es posible que sea omisión del amanuense.

Quien esta cuenta de los *Katunes* ordenó, si fue el demonio, hizo lo que suele ordenándola a su honor; y si fue hombre, debía ser buen idólatra porque con estos sus *Katunes* añadió todos los principales engaños y agüeros y embaucamientos con que esta gente andaba allende de sus miserias del todo embaucada, y así, esta era la ciencia a que ellos daban más crédito y la que en más tenían y de la que no todos los sacerdotes sabían dar cuenta. El orden que tenían en contar sus cosas y hacer sus adivinaciones con esta cuenta era que tenían en el templo dos ídolos dedicados a dos de estos caracteres. Al primero, conforme a la cruz del círculo arriba contenido, adoraban y hacían servicios y sacrificios para remedio de las plagas de sus 20 años y en los 10 años que faltaban de los 20 primeros, no hacían sino quemarle incienso y reverenciarle.

Cumplidos los 20 años del primero comenzaban a seguirse por los hados del segundo y a hacerle sus sacrificios, y quitado aquel primer ídolo ponían otro para venerarle otros diez años.

Verbi gratia: dicen los indios que acabaron de llegar los españoles a la ciudad de Mérida el año de la Natividad del Señor de 1541, que era en punto el primer año de la era de *Buluc-Ahau* que es el que está en la casa donde está la cruz, y llegaron el mismo mes de *Pop* que es el primer mes de su año. Si no hubiera españoles ellos hubiesen adorado el ídolo de *Buluc-Ahau* hasta el año de 51, que son diez años, y al año décimo pusieran otro ídolo, a *Bolon-Ahau* y honrábanle siguiéndose por los pronósticos de *Buluc-Ahau* hasta el año de 61, y entonces quitáranle del templo y pusieran al ídolo *Uuc-Ahau*, y siguiéranle por los pronósticos de *Bolon-Ahau* otros 10 años; y así daban vuelta a todos. De manera que veneraban a estos sus *Katunes* 20 años y 10 se regían por sus supersticiones y engaños, los cuales eran tantos y tan bastantes para engañar a gente simple que admira, aunque no a los que saben de las cosas naturales y la experiencia que de ellas tiene el demonio.

Usaba también esta gente de ciertos caracteres o letras con las cuales escribían en sus libros sus cosas antiguas y sus ciencias, y con estas figuras y algunas señales de las mismas, entendían sus cosas y las daban a entender y enseñaban. Hallámosles gran número de libros de estas sus letras, y porque no tenían cosa en que no hubiese superstición y falsedades del demonio, se los quemamos todos, lo cual sintieron a maravilla y les dio mucha pena.

De sus letras pondré aquí un a, b, c, que no permite su pesadumbre más, porque usan para todas las aspiraciones de las letras de un carácter, y después, júntanle parte de otro y así vienen a ser *in infinitum*, como se podrá ver en el siguiente ejemplo. *Le* quiere decir *lazo* y *cazar con él*; para escribir *le* con sus caracteres, habiéndoles nosotros hecho entender que son dos letras, lo escribían ellos con tres poniendo a la aspiración de la *l*, la vocal *e*, que antes de sí trae, y en esto no yerran aunque usen (otra) *e*, si quieren ellos, por curiosidad. Ejemplo:

después, al cabo, le pegan la parte junta.

Ha que quiere decir agua, porque la *h* tiene *a* antes de sí, la ponen ellos al principio con *a*, y al cabo de esta manera:

También lo escriben por partes, pero de la una y otra manera que no pudiera aquí sino por dar cuenta entera de las cosas de esta gente: *Ma in Kati* quiere decir *no quiero* y ellos lo escriben por partes de esta manera:

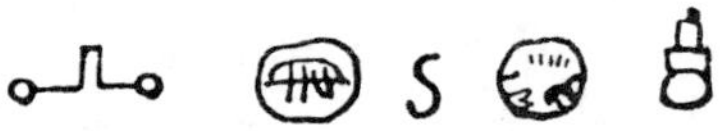

Síguese su a, b, c:

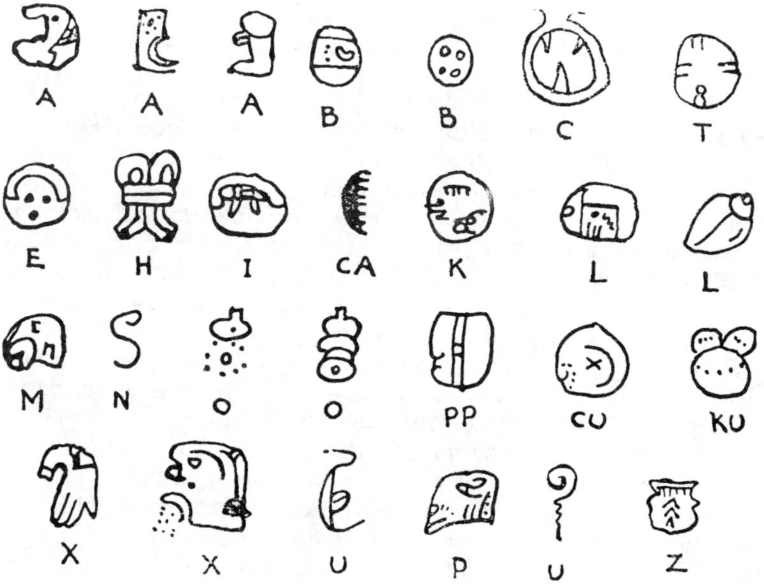

De las letras que faltan carece esta lengua y tiene otras añadidas de la nuestra para otras cosas que las ha menester y ya no usan para nada de estos sus caracteres, especialmente la gente moza que ha aprendido los nuestros.

XLII

MULTITUD DE EDIFICIOS DE YUCATÁN. – LOS DE IZAMAL, MÉRIDA Y CHICHÉN ITZÁ

Si Yucatán hubiere de cobrar nombre y reputación con muchedumbre, grandeza y hermosura de edificios como lo han alcanzado otras partes de las Indias, con oro, plata y riquezas, ella hubiera extendídose tanto como el Perú y la Nueva España, porque es así en esto de edificios y muchedumbre de ellos, la más señalada cosa de cuantas hasta hoy en las Indias se han descubierto, porque son tantos y tantas las partes donde los hay y tan bien edificados de cantería, a su modo, que espanta, y porque esta tierra no es tal al presente, aunque es buena tierra, como parece haber sido en el tiempo próspero en que en ella tanto y tan señalado edificio se labró, con no haber en ella ningún género de metal con que labrarlos, pondré aquí las razones que he visto dar a los que dichos edificios han mirado. Las cuales son que estas gentes debieron estar sujetas a algunos señores amigos de ocuparlos mucho y que los ocuparon de esto y que como ellos han sido tan buenos honradores de sus ídolos, se señalaban de comunidad hacerles templos; y (después), por algunas causas, se mudaban las poblaciones y así donde poblaban edificaban siempre de nuevo sus templos, santuarios y casas a su usanza para los señores, que ellos siempre las han usado de madera cubierta de paja; o que el grande aparejo que hay de piedra, cal y cierta tierra blanca excelente para edificios, les ha llevado a hacer tantos, que si no es a quienes los han visto, parecerá burla hablar de ellos; o la tierra tiene algún secreto que si hasta ahora no se le ha alcanzado ni a la gente natural de ella, en estos tiempos tampoco ha alcanzado. Porque decir los hayan edificado otras naciones sujetando a los indios, no es así, por las señales que hay de haber sido edificados por gente india desnuda, como se ve en uno de los muchos y muy grandes edificios que allí hay, en las paredes de los bastiones, en las cuales aún duran señales de hombres en carnes y honestados de unos largos listones que llaman *Ex* en su lengua, y de otras divisas que los indios de estos tiempos traen; (señales) hechas de argamasa muy fuerte. Y morando yo allí se halló en un edificio que desbaratamos un cántaro grande con tres asas y pintado por fuera de unos fuegos plateados, dentro del cual estaban las cenizas de (un) cuerpo quemado y entre ellas hallamos tres cuentas buenas de piedra, del arte de las que los indios ahora tienen por moneda, todo lo cual muestra haber sido indios los constructores. Bien sea, que si lo fueron, era gente de más ser que los de ahora y muy de mayores cuerpos y fuerzas, y aún se ve esto más en *Izamal* que en otra parte, en los bultos de media talla que digo están hoy día de argamasa en los bastiones, que son de hombres crecidos; y los extremos de los brazos y piernas cuyas eran las cenizas del cántaro que hallamos en el edificio, que estaban a maravilla por quemar, (eran) muy gruesos.

Hay aquí en Izamal un edificio entre los otros, de tanta

altura y hermosura que espanta, el cual se verá en la figura y esta es la razón de ella: Tiene 20 gradas de a más de dos buenos palmos de alto y ancho cada una, y tendrán más de cien pies de largo. Son estas gradas de muy grandes piedras labradas, y aunque con el mucho tiempo y estar expuestas al agua, están ya feas y maltratadas. Tiene después labrado en torno, como señala la raya redonda, una muy fuerte pared de cantería en la cual, como a estado y medio de alto, sale una ceja de hermosas piedras, todo a la redonda, y desde ellas se torna

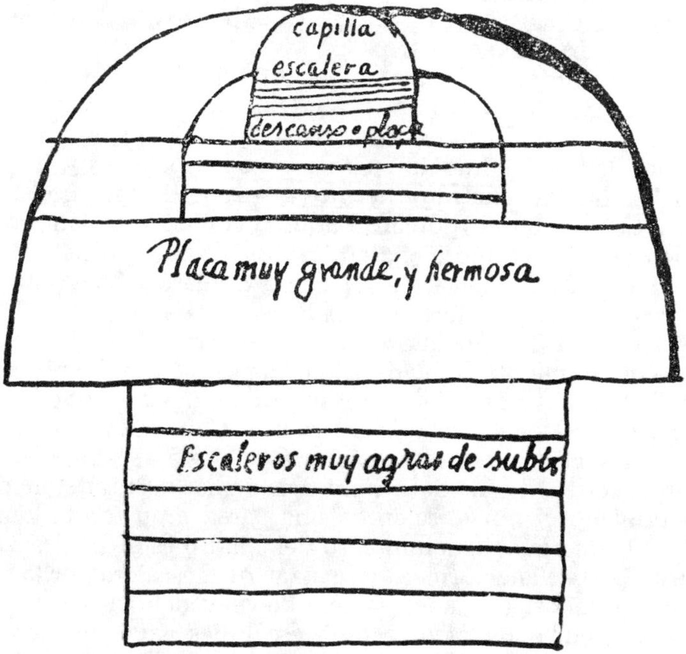

después a seguir la obra hasta igualar con la altura de la plaza que se traza después de la primera escalera. Después de la cual plaza, se hace otra escalera como la primera, aunque no tan larga ni de tantos escalones, siguiendo siempre a la redonda la obra de la pared. Encima de estos escalones se hace otra buena placeta y en ella, algo pegado a la pared, está hecho un cerro bien alto con su escalera (por la parte del) mediodía, donde caen las escaleras grandes, y encima está una hermosa capilla de cantería bien labrada. Yo subí a lo alto de esta capilla y, como Yucatán es tierra llana, se ve desde allí a maravilla tanta tierra como la vista puede alcanzar, y se ve el mar. Estos edificios de *Izamal* eran once o doce por todos, aunque este es el mayor, y están muy cerca unos de otros. No hay memoria de los fundadores y parecen haber sido los primeros. Están a ocho leguas del mar en muy hermoso sitio y buena tierra y comarca de gente, por lo cual los indios, con harta insistencia, nos hicieron poblar una casa en uno de estos edificios que llamamos San Antonio, el año de 1549, en la cual y en todo lo de la redonda se les ha ayudado mucho para su cristiandad y así se han poblado en este asiento dos buenos pueblos, aparte uno del otro.

Los segundos edificios que en esta tierra son más principales y antiguos —tanto que no hay memoria de sus fundadores—, son los de *T-ho*; están a trece leguas de los de *Izamal* y a ocho del mar como los otros; y hay señales hoy en día de haber habido una muy hermosa calzada de los unos a los otros. Los españoles poblaron aquí una ciudad y llamáronla Mérida por la extrañeza y grandeza de los edificios, el principal de los cuales señalaré aquí como pudiere e hice (con el) de *Izamal*, para que mejor se pueda ver lo que es.

Este es el borrón que he podido sacar del edificio, para cuyo entendimiento se ha de saber que este es un asiento quebrado, de mucha grandeza, porque tiene más de dos carreras de caballo desde la parte del oriente. Comienza la escalera desde el suelo; y esta escalera será de siete escalones de la (misma) altura de los de *Izamal*. Las demás partes del mediodía, poniente y norte, salen de una pared muy fuerte y muy ancha. Todo aquel henchimiento del cuadro es de piedra seca, y en la parte llana torna a comenzar otra escalera por la misma parte del oriente, a mi parecer de veintiocho a treinta pies recogida dentro de otros tantos escalones igual de grandes. Hace el mismo recogimiento hacia la parte del mediodía y del norte, no (así por la) del poniente, y síguense dos paredes fuertes hasta encontrar o juntarse con las del cuadro por la parte del poniente y así llegan hasta el peso de las escaleras, haciendo todo el henchimiento de en medio de piedra seca, que espanta la altura y la grandeza que tiene tal henchimiento hecho a mano.

Después, en la parte plana de arriba, comienzan los edificios de esta manera: por la parte del oriente se sigue una ala

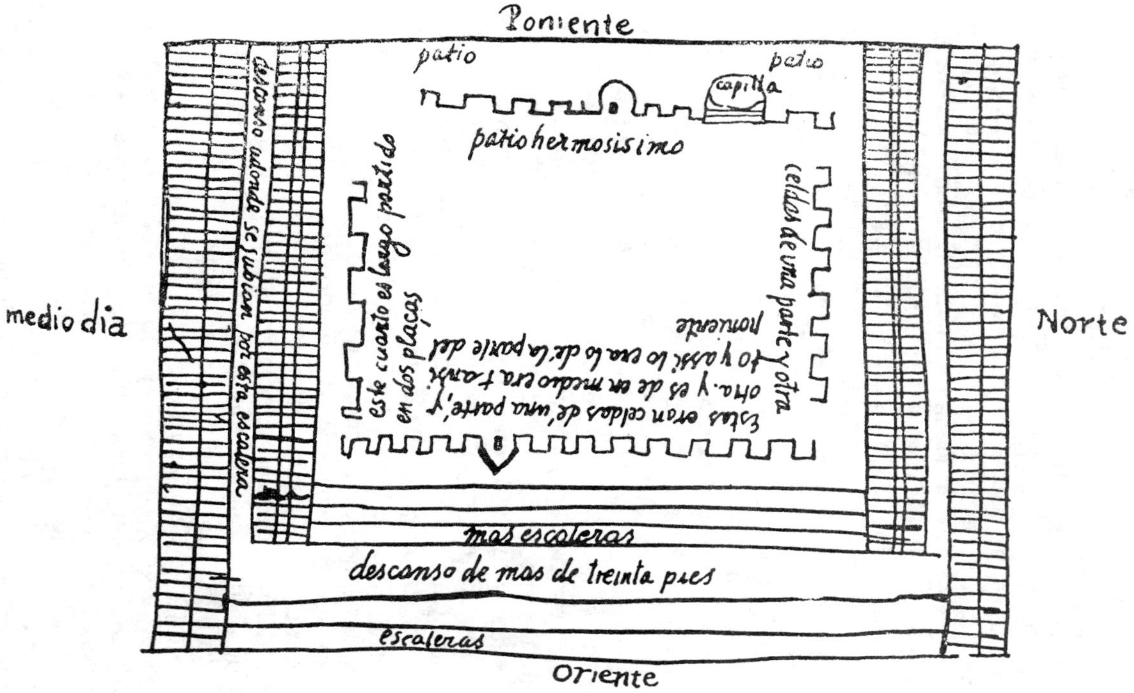

Edificio de T-ho, según el croquis de la Relación de Landa.

recogida a lo largo, unos seis pies hacia dentro, que no llega a los cabos, labrada de una parte a la otra de muy buena cantería y toda (ocupada) por celdas de doce pies de largo por ocho de ancho; las puertas, en medio de cada una, no tienen señal de batientes ni manera de quicios para cerrarse, sino (que son) llanas, de piedra muy labrada, y la obra está trabajada a maravilla y cerradas por lo alto todas las puertas, con tezas de piedra enteriza; tiene en medio un tránsito como arco de puente y por encima de las puertas de las celdas sale un releje de piedra labrada que (corre) a lo largo de toda el ala, sobre el cual (releje) salían hasta lo alto unos pilarejos, la mitad de ellos labrados redondos y la mitad metidos en la pared. Estos pilarejos seguían hasta lo alto de las bóvedas de que las celdas estaban hechas y cerradas por arriba. Por encima de estos pilaritos salía otra releje enrededor de todo el cuarto. Lo alto era de terrado, encalado y muy fuerte como allá se hace con cierta agua de corteza de un árbol. Por la parte del norte había otro cuarto de celdas, tales como estas otras, salvo que el cuarto, con casi la mitad no era tan largo. Al poniente se seguían otra vez las celdas, y (cada) cuatro o cinco había un arco que atravesaba, como el de en medio del cuarto de oriente, todo el edificio, y luego un edificio redondo, algo alto, y luego otro arco, y lo demás eran celdas como las restantes. Este cuarto atraviesa todo el patio grande en buena parte y así forma dos patios, uno por detrás, al poniente, y otro a su oriente, que viene a estar cercado de cuatro cuartos, el último de los cuales es muy diferente porque está hecho hacia el mediodía, de dos piezas cerradas con bóveda; la primera de esas piezas tiene un corredor de muy gruesos pilares cerrado por arriba con muy hermosas piedras labradas y enterizas. Por en medio va una pared sobre la que carga la bóveda de ambos, con dos puertas para entrar al otro cuarto. De manera que todo lo cierra por arriba un encalado.

Tiene este edificio, apartado de sí como dos tiros de piedra, otro muy alto y hermoso patio en el cual hay tres cerros de mampostería, muy bien labrados, y encima sus muy buenas capillas de la bóveda como solían y sabían ellos hacer. Tiene bien apartado de sí un tan grande y hermoso cerro que, con haberse edificado gran parte de la ciudad (con piedras) de él (para hacer las casas con) que la poblaron a la redonda, no sé si ha de verse jamás acabado.

El primer edificio de los cuatro cuartos nos dio el Adelan-

tado Montejo a nosotros, hecho un monte áspero; limpiámosle y hemos hecho en él con su propia piedra, un razonable monasterio todo de piedra, y una buena iglesia que llamamos la Madre de Dios. Hubo tanta piedra de los cuartos, que (aún) está entero el del mediodía y en parte los de los lados, y dimos mucha piedra a los españoles para sus casas, en especial para sus puertas y ventanas; tanta era su abundancia.

Los edificios del pueblos de *Tikoh* no son muchos ni tan suntuosos como algunos de estos otros, aunque eran buenos y lucidos, ni aquí yo hiciera mención de ellos salvo por haber habido en él una gran población de que adelante necesariamente se ha de hablar, y por eso se dejará ahora. Están estos edificios a tres leguas de *Izamal* al oriente, y a siete de *Chichenizá.*

Es pues *Chichenizá* un asiento muy bueno a diez leguas de *Izamal* y once de Valladolid, en la cual, según dicen los antiguos indios, reinaron tres señores hermanos, los cuales, según se acuerdan haber oído de sus pasados, vinieron a aquella tierra de la parte del poniente y juntaron en estos asientos gran población de pueblos y gentes, la cual rigieron algunos años en mucha paz y justicia.

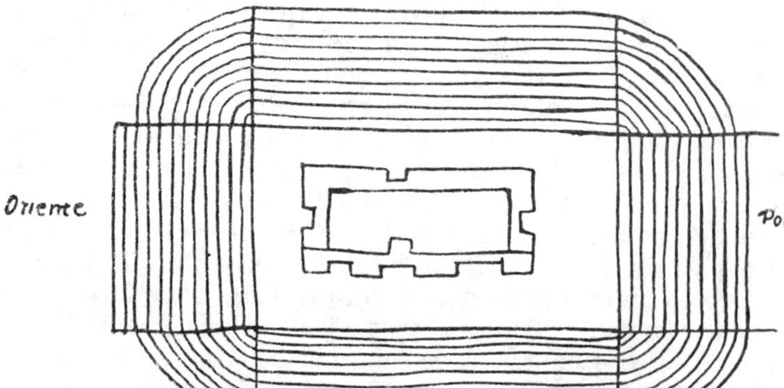

Eran muy honradores de su dios y así edificaron muchos edificios y muy galanos, en especial uno, el mayor, cuya figura pintaré aquí como la pinté estando en él, para que mejor se entienda. Estos señores, dicen, vivieron sin mujeres, y

en muy grande honestidad, y todo el tiempo que vivieron así, fueron muy estimados y obedecidos de todos. Después, andando el tiempo, faltó uno de ellos, el cual se debió morir, aunque los indios dicen que salió de la tierra por la parte de *Bac halal.* Hizo la ausencia de éste, como quiera que ella fuese, tanta falta en los que después de él regían, que comenzaron luego a ser parciales en la república, y en sus costumbres tan deshonestos y desenfrenados que el pueblo los vino a aborrecer, en tal manera que los mataron y desbarataron y despoblaron (el asiento) dejando los edificios y el lugar harto hermoso porque está cerca del mar, a (unas) diez leguas. Tiene muy fértiles tierras y provincias a la redonda. La figura del principal edificio es la siguiente:

Este edificio tiene cuatro escaleras que miran a las cuatro partes del mundo, de treinta y dos pies de ancho y de noventa y un escalones cada una, que es menester subirlas. Tienen en los escalones la misma anchura y altura que nosotros damos a los nuestros. Cada escalera tiene dos pasamanos bajos, al igual de los escalones, de dos pies de ancho, de buena cantería como lo es todo el edificio. Este no está esquinado porque desde la salida del suelo hasta los pasamanos se comienzan a labrar unos cubos redondos que van subiendo a trechos y estrechando el edificio por muy galano orden. Había, cuando yo le vi, al pie de cada pasamano, una fiera (con) boca de sierpe de una pieza bien curiosamente labrada. Acabadas de esta manera las escaleras, queda en lo alto una placeta llana en la cual está un edificio hecho de cuatro cuartos. Los tres se andan a la redonda sin impedimento, y tiene cada uno puertas en medio, y están cerradas (por lo alto) con bóvedas. El cuarto del norte se anda por sí con un corredor de pilares gruesos. El de en medio, que había de ser como el patinico que hace el orden de los paños del edificio, tiene una puerta que sale al corredor del norte y está por arriba cerrado de madera y en él se quemaban los sahumerios. Hay en la entrada de esta puerta o del corredor, un a modo de armas esculpidas en una piedra que no pude entender bien.

Tenía este edificio otros muchos, y tiene hoy día a la redonda de sí, bien hechos y grandes y todo el suelo que va de él a ellos (estaba) bien encalado y aún hay, en partes, restos del encalado, tan fuerte es la argamasa de que los hacen.

Tenía delante la escalera del norte, algo aparte, dos teatros de cantería, pequeños, de cuatro escaleras, enlosados por

arriba, en que dicen representaban las farsas y comedias para solaz del pueblo. Va desde el patio, enfrente de estos teatros, una hermosa y ancha calzada hasta un pozo (que está) como a dos tiros de piedra. En este pozo han tenido y tenían entonces, costumbre de echar hombres vivos en sacrificios a los dioses, en tiempo de seca, y pensaban que no morían aunque no los veían más. Echaban también otras muchas cosas de piedras de valor y que tenían preciadas. Y así, si esta tierra hubiera tenido oro, fuera este pozo el que más parte de ella tuviera, según le han sido devotos los indios. Es pozo que tiene siete estados largos de hondo hasta el agua, de ancho más de cien pies, y redondo y de una peña tajada hasta el agua que es maravilla. Parece que tiene el agua muy verde y creo lo causan las arboledas de que está cercado, y es muy hondo. Tiene encima de él, junto a la boca, un edificio pequeño donde hallé ídolos hechos a honra de todos los ídolos principales de la tierra, casi como el Pantheón de Roma. No sé si era esta invención antigua o de los modernos para toparse con sus ídolos cuando fuesen con ofrendas a aquel pozo. Hallé leones labrados de bulto, y jarras y otras cosas que no sé como nadie dirá que no tuvieron herramientas estas gentes. También hallé dos hombres de grandes estaturas, labrados de piedra, cada uno de una pieza, en carnes, cubiertos su honestidad como se cubrían los indios. Tenían las cabezas por sí y con zarcillos en las orejas como los usaban los indios, y hecha una espiga por detrás en el pescuezo que encajaba en un agujero hondo hecho para ello en el mismo pescuezo, y encajado, quedaba el bulto cumplido.

XLIII

POR QUÉ COSAS HACÍAN OTROS SACRIFICIOS LOS INDIOS

Las fiestas que en el calendario de esta gente atrás queda puesto, nos muestran cuáles y cuántas eran y para qué y cómo las celebraban. Pero porque eran sus fiestas sólo para tener gratos y propicios a sus dioses, si no era teniéndolos airados no (las) hacían más sangrientas; y creían estar airados (los dioses) cuando tenían necesidades o pestilencias o disensiones o esterilidades u otras semejantes necesidades; entonces no curaban

de aplacar los demonios sacrificándoles animales, ni haciéndoles solamente ofrendas de sus comidas y bebidas o derramando su sangre y afligiéndose con velas y ayunos y abstinencias; mas olvidada toda natural piedad y toda ley de razón, les hacían sacrificios de personas humanas con tanta facilidad como si sacrificasen aves, y tantas veces cuantas los malvados sacerdotes o los *chilanes* les decían era menester, o a los señores se les antojaba o parecía. Y dado que en esta tierra, por no ser mucha la gente como en México, ni regirse ya después de la destrucción de *Mayapán* por una cabeza sino por muchas, no hacían así tan junta la matanza de hombres, ni por eso dejaban de morir miserablemente hartos, pues tenía cada pueblo autoridad de sacrificar los que el sacerdote o *chilán* o señor le parecía y para hacerlo tenían sus públicos lugares en los templos como si fuera la cosa más necesaria del mundo a la conservación de la república. Después de matar en sus pueblos, tenían aquellos dos descomulgados santuarios de *Chichenizá* y *Cuzmil* donde infinitos pobres enviaban a sacrificar o despeñar al uno, y al otro a sacar los corazones; de las cuales miserias tenga a bien por siempre librarlos el Señor Piadoso que tuvo por bien hacerse sacrificio en la cruz al Padre de todos.

¡Oh Señor Dios Mío, hombre, ser y vida de mi alma, santa guía y camino cierto de mis costumbres, consuelo de mis consuelos, alegría interna de mis tristezas, refrigerio y descanso de mis trabajos! ¿y qué me mandas tú, Señor, que trabajo se puede llamar y no mucho mejor descanso? ¿A qué me obligas que yo no pueda muy cumplidamente hacer? ¿Por ventura, Señor, ignoras la medida de mi vaso y la cantidad de mis miembros y la calidad de mis fuerzas? ¿Acaso, Señor, me faltas tú en mis trabajos? ¿No eres tú cuidadoso padre de quien dice tu santo profeta en el salmo, "con él soy en la tribulación y trabajo, y yo le libraré de ella y le glorificaré"?

Señor, sí, tú eres, y tú eres aquel de quien dijo el profeta lleno de tu santísimo espíritu, que finges trabajo en tu mandamiento, y es así, Señor, que los que no han gustado de la suavidad de la guarda y cumplimiento de tus preceptos, trabajo hallan en ellos; pero, Señor, trabajo fingido es, trabajo temido es, trabajo de pusilánimes es, y témenlo los hombres que nunca acaban de poner la mano al arado de cumplirlos, que los que se disponen a la guarda de ellos, dulces los hallan, en pos del olor de sus ungüentos se van, su dulcedumbre los refrigera

a cada paso, y muchos más gustos experimentan cada día (que les sabe discierne nadie), como otra reina de Saba; y así, Señor, te suplico me des gracia que a ejemplo tuyo, dejada la casa de mi sensualidad y el reino de mis vicios y pecados, haga del todo experiencia de servirte y guardar tus santos mandamientos, para lo que en más me enseñare la experiencia de su guarda; que de sólo leerlos y tratarlos, halle yo el bien de tu gracia para mi alma, y así como creo ser tu yugo suave y leve, te haga gracias por haberme puesto debajo de su melena, y libre del (pecado) en que veo andan y han andado tantas muchedumbres de gentes, caminando para el infierno: lo cual es tan grave dolor que no sé a quién no quiebra el corazón ver la mortal pesadumbre e intolerable carga con que el demonio ha siempre llevado y lleva a los idólatras al infierno; y si esto, de parte del demonio que lo procura y hace, es crueldad grande, de parte de Dios es justísimamente permitido para que, pues si no se quieren regir por la luz de la razón que él les ha dado, comiencen en esta vida a ser atormentados y a sentir parte del infierno que merecen, con los trabajosos servicios que al demonio de continuo hacen con muy largos ayunos y vigilias y abstinencias, con increíbles ofrendas y presentes de sus cosas y haciendas, con derramamientos continuos en su propia sangre, con graves dolores y heridas en sus cuerpos, y lo que es peor y más grave, con las vidas de sus prójimos y hermanos; y con todo esto nunca el demonio se harta y satisface de sus tormentos y trabajos, ni de llevarlos con ellos al infierno donde eternalmente los atormenta; cierto, mejor se aplaca Dios y con menos tormentos y muertes sa satisface: pues a voces dice y manda al Gran Patriarca Abraham que no extienda su mano para quitar la vida a su hijo, porque está su Majestad determinado a enviar al suyo al mundo y dejarle perder en la cruz la vida de veras, para que vean los hombres que para el hijo de Dios eterno es pesado el mandamiento de su padre, aunque a él (sea) muy dulce y fingido a los hombres de trabajo.

Por lo cual quiten ya los hombres la tibieza de sus corazones y el temor del trabajo de esta santa ley de Dios pues es su trabajo fingido y en breve se vuelve dulcedumbre de las almas y de los cuerpos, cuanto más que, allende de que es digno Dios de ser muy servido y se lo debemos en justísima deuda, es todo para nuestro provecho, y no sólo eterno, sino aun temporal; y miremos todos los cristianos, especialmente los sacerdotes, que en esta vida es gran vergüenza y confusión, y en la venidera lo será mayor, ver que halle el demonio quien le sirva con increíbles trabajos para ir, en pago de ellos, al infierno, y que no halle Dios apenas quien en guarda de tan suaves mandamientos le sirva fielmente para ir a la eterna gloria. Por lo cual, tú, sacerdote de Dios, dime si has mirado con advertencia el oficio de estos sacerdotes tristes del demonio, y de todos los que en las divinas letras hallamos lo fueron en los pasados tiempos, cuán enojosos y largos y muchos, eran sus ayunos, más que los tuyos: qué tantos más continuos en las vigilias y en sus míseras oraciones que tú; cuán más curiosos y cuidadosos de las cosas de sus oficios que tú del tuyo; con cuánto mayor celo que tú entendían en enseñar sus pestíferas doctrinas, y si de esto te hallaras en alguna culpa, remédiala y mira que eres sacerdote del Alto Señor que con sólo el oficio te obliga a procurar vivir en limpieza y cuidado, limpieza del ángel cuanto más del hombre.

XLIV

PRODUCCIÓN DE LA TIERRA

Yucatán es una tierra la de menos tierra que yo he visto, porque toda ella es una viva laja, y tiene a maravilla poca tierra, tanto que habrá pocas partes donde se pueda cavar un estado sin dar en grandes bancos de lajas muy grandes. La piedra no es muy buena para labores delicadas, porque es dura y tosca; empero, tal cual es, ha sido para que de ella hayan hecho la muchedumbre de edificios que en aquella tierra hay; es muy buena para cal, de que hay mucha, y es cosa maravillosa que sea tanta la fertilidad de esta tierra sobre las piedras y entre ellas.

Todo lo que en ella hay y se da, se da mejor y más abundantemente entre las piedras que en la tierra, porque sobre la tierra que acierta a haber en algunas partes ni se dan árboles ni los hay, ni los indios en ella siembran sus simientes, ni hay sino yerbas; y entre las piedras y sobre ellas siembran y se dan todas sus semillas y se crían todos los árboles, y algunos tan grandes y hermosos que maravilla son de ver; la causa de esto creo que es haber más humedad y conservarse más en las piedras que en la tierra.

En esta tierra no se ha hallado hasta ahora ningún género de metal que ella de suyo tenga, y espanta (que) no habiendo con qué, se hayan labrado tantos edificios porque no dan los indios razón de las herramientas con que se labraron; pero ya que les faltaron metales, proveyólos Dios de una sierra de (puro) pedernal contigua a la sierra que según dije en el primer capítulo, atraviesa la tierra, y de la cual sacaron piedras de que hacían los hierros de las lanzas para la guerra y los navajones para los sacrificios (de los cuales tenían buen recaudo los sacerdotes); hacían los hierros para las saetas y aún los hacen, y así les servía el pedernal de metal. Tenían cierto azófar blanco con alguna poca mezcla de oro, de que hacían las hachuelas de fundición y unos cascabelazos con que bailaban, y una cierta manera de escoplillos con que hacían los ídolos y agujeraban las cerbatanas como esta figura del margen,* que mucho usan la cerbatana y bien la tiran. Este azófar y otras planchas o láminas más duras, las traían a rescatar los de Tabasco por las cosas (de Yucatán, que eran) para los ídolos, y no había entre ellos algún otro género de metal.

Según el sabio, una de las cosas a la vida del hombre más necesaria es el agua, y es tanto que sin ella ni la tierra produce sus frutos ni los hombres se pueden sustentar, y con haber faltado en Yucatán la abundancia de ríos que sus tierras vecinas tienen en mucha abundancia, porque sólo dos tienen, y el uno es el río de Lagartos que sale por un cabo de la tierra a la mar, y el otro el de Champotón, ambos salobres y de malas aguas, la proveyó Dios de muchas y muy lindas aguas, unas por industria y otras proveídas de naturaleza.

La naturaleza obró en esta tierra tan diferentemente en lo de los ríos y fuentes, que los ríos y las fuentes que en todo el mundo corren sobre la tierra, en ésta van y corren todos por sus meatos secretos por debajo de ella. Lo cual nos ha enseñado que casi toda la costa está llena de fuentes de agua dulce que nacen dentro en la mar y se puede de ellas, en muchas partes, coger agua (como me ha acaecido a mí) cuando de la menguante de la agua queda la orilla algo seca. En la tierra proveyó Dios de unas quebradas que los indios llaman *zenotes*, que llegan de peña tajada hasta el agua, en algunos de los cuales hay muy furiosas corrientes y acaece llevarse el

* El dibujo está en el manuscrito.

ganado que cae en ellos y todas estas (corrientes) salen a la mar de que se hacen las fuentes dichas.

Estos *zenotes* son de muy lindas aguas y muy de ver, que hay algunos de peña tajada hasta el agua y otros con algunas bocas que les creó Dios, que causaron algunos accidentes de rayos que suelen caer muchas veces, o de otra cosa; y por dentro con lindas bóvedas de peña fina y en la superficie sus árboles, de manera que en lo de arriba es monte y bajo *zenotes*, y hay algunos (en) que puede caber y andar una carabela y otros más o menos. Los que éstos alcanzaban bebían de ellos; los que no, hacían pozos; y como les había faltado herramienta para labrarlos, eran muy ruines. Pero ya no sólo les hemos dado industria para hacer buenos pozos, sino muy lindas norias con estanques de donde, como en fuentes, toman el agua.

Hay también lagunas y todas son de agua salobre y ruin para beber y no son corrientes como *zenotes*. Tiene una cosa esta tierra en toda ella maravillosa en esto de los pozos, y es que en todas las partes de ella que se cave, salen muy buenas aguas de manantiales y algunas tan hermosas que se sume una lanza por ellas y en todas las partes que se han cavado se ha hallado medio estado antes del agua, un banco de conchas y caracolillos de la mar, de tantas diferencias y colores, grandes y chicos, como los que están a la orilla de la mar y la arena ya convertida en dura peña blanca. En *Maní*, pueblo del rey, cavamos un pozo grande para hacer una noria a los indios y al cabo de haber cavado siete u ocho estados en una peña fina, hallamos un sepulcro de siete buenos pies de largo, lleno de tierra bermeja muy fresca, y de huesos humanos, y todos estaban ya casi convertidos en piedra; faltaban dos o tres estados por llegar al agua y antes de ella había una bóveda hueca que creó Dios de manera que estaba el sepulcro metido dentro de la peña, y se podía andar por debajo hasta donde (estaba) el agua; no pudimos entender cómo fuese esto si no es que digamos que aquel sepulcro se abrió allí por la parte de dentro, y después, con la humedad de la cueva y el mucho tiempo, vino a congelarse la peña y crecer y así cerrarse aquello.

Además de los dos ríos que he dicho hay en esta tierra, tiene una fuente a tres leguas de la mar, cerca de Campeche, y es salobre y no hay en toda la tierra otra ni otras aguas. Los indios de hacia la sierra, por tener los pozos muy hondos, suelen en tiempo de las aguas hacer para sus casas concavidades en las peñas y allí recoger agua de la llovediza: porque en su tiempo llueven grandes y muy recios aguaceros y algunas veces con muchos truenos y relámpagos; los pozos todos y en especial los cercanos al mar crecen y menguan cada día a la hora que crece y mengua el mar, lo cual muestra más claro ser todas las aguas de ríos que corren debajo de la tierra hacia el mar.

Hay una ciénaga en Yucatán digna de memoria que tiene más de setenta leguas de largo y es salina toda ella; comienza desde la costa de *Ekab*, que es cerca de la Isla de Mujeres, y síguese muy junto a la costa del mar entre la misma costa y los montes, hasta cerca de Campeche; no es honda porque no le da lugar el no haber tierra, pero es mala de pasar yendo de los pueblos a la costa o viniendo de ella a los pueblos, por los árboles que tiene y mucho lodo. Esta ciénaga es tan salina que Dios ha criado allí de la mejor sal que yo he visto en mi vida, porque molida es muy blanca y para sal dicen los que lo saben es tan buena, que sala más medio celemín de ella, que uno de otras partes. Cría la sal Nuestro Señor en esta ciénaga del agua llovediza y no del mar, que no le entra, porque entre el mar y la ciénaga va una costa de tierra a lo largo todo lo que dura ella, que la divide del mar. En tiempo, pues, de aguas, se hincha esta ciénaga y se cuaja la sal dentro de la misma agua, en terrones grandes y pequeños que no parecen sino pedazos de azúcar cande. Después de pasadas las aguas cuatro meses o cinco, y ya que la laguna está algo enjuta, tenían los indios antiguamente costumbre de ir a sacar sal, la cual sacan cogiendo aquellos terrones dentro del agua y sacándolos a enjugar fuera. Tenían para esto sus lugares señalados en la propia laguna, que eran los más fértiles de sal y de menos lodo y agua, y acostumbraban a no hacer esta cosecha de la sal sin licencia de los señores, que en estos lugares de ella tenían, por su cercanía, más acción; a los cuales todos los que por sal venían, hacían algún servizuelo o de la propia sal o de las cosas de sus tierras; y porque probó esto un principal llamado Francisco Euan, natural del pueblo de *Caucel* y probó (además) que el régimen de la ciudad de *Mayapán* había puesto a sus antepasados en la costa, con cargo de ella y del repartimiento de la sal, la Audiencia de Guatemala les mandó, a los que a sus comarcas la fuesen a coger, dar ahora lo mismo. Cógese ya mucha en el tiempo de ella para llevar a México y a Honduras y a la Habana. Cría esta ciénaga, en algunas partes de ella, muy hermosos pescados y aunque no grandes, de muy buen sabor.

XLV

PECES DE YUCATÁN

No hay sólo pescado en la laguna pero es tanta la abundancia que en la costa hay, que casi no curan los indios de lo de la laguna, si no son los que no tienen aparejos de redes, que éstos suelen, con la flecha, como hay poca agua, matar muchos pescados; los demás hacen sus muy grandes pesquerías de que comen y venden pescado a toda la tierra.

Acostúmbranlo salar y asar y secar al sol sin sal, y tienen su cuenta cuál de estos beneficios ha menester cada género de pescado, y lo asado se conserva (varios) días, que se lleva a veinte y treinta leguas a vender, y para comerlo tórnanlo a guisar, y es sabroso y sano.

Los pescados que matan y hay en aquella costa son lisas muy excelentes y muy gordas; truchas, ni más ni menos en el color y pecas y sabor, y son más gordas y sabrosas de comer, y llámanse en la lengua *uzcay*; robalos muy buenos; sardinas, y con ellas acuden lenguados, sierras, caballos, mojarras e infinitas diversidades de otros pescados pequeños; hay muy buenos pulpos en la costa de Campeche; tres o cuatro castas de tollos muy buenos y sanos, y especialmente unos a maravilla sanos y en las cabezas diferentísimos de los otros que las tienen redondas y muy llanas que espanta, y por la parte de dentro (tienen) la boca y en las orillas de lo redondo, los ojos: llámanse estos *alipechpol*. Matan unos pescados muy grandes que parecen mantas y (los) conservan a trozos en sal; muere a las orillas de la redonda, y es muy buena cosa (mas) no sé si es este pescado (la) raya.

Hay muchos manatís en la costa entre Campeche y la Desconocida, de los cuales, allende del mundo pescado o carne que tienen, hacen mucha manteca y (es) excelente para guisar de comer; de estos manatís se cuentan cosas de maravillar: en especial cuenta el autor de la *Historia General de las Indias* que se crió en la Isla Española un señor indio uno en un lago, tan doméstico, que venía a la orilla del agua en llamándolo por su nombre que le habían puesto, y que era "Matu". Lo que yo de ellos digo (es) que son tan grandes que se saca de ellos mucha más carne que de un buen becerro grande, y mucha manteca; engendran como los animales y tienen para ello sus miembros como hombre y mujer, y la hembra pare siempre dos y no más ni menos, y no pone huevos como los otros pescados; tienen dos alas como brazos fuertes con que nadan, el rostro tiene harta semejanza al buey y sácanle fuera del agua a pacer yerba a las orillas, y los suelen picar los murciélagos en una jeta redonda y llana que tienen, que les da vuelta al rostro, y mueren de ello porque son muy sanguíneos a maravilla y de cualquiera herida se desangran como el agua. La carne es buena, especialmente fresca; con mostaza, es casi como buena vaca. Mátanlos los indios con arpones de esta manera: búscanlos en los esteros y partes bajas (que no es pescado que sabe andar hondo) y llevan sus arpones atados en sus sogas con boyas al cabo; hallados, los arponean y suéltanles las sogas y las boyas y ellos con el dolor de las heridas huyen a una y otra parte por lo bajo y de poca agua, que jamás van a lo hondo de la mar ni saben, y como son tan grandes van turbando el cieno y tan sanguíneos (que se) van desangrando; y así con la señal del cieno los siguen en sus barquillos los indios y después los hallan con sus boyas y (los) sacan. Es pescado de mucha recreación y provecho, porque son todos carne y manteca.

Hay otro pescado en esta costa al cual llaman *ba*, y es ancho y redondo y bueno de comer, pero muy peligroso de matar o de topar con él: porque tampoco sabe andar en lo hondo y es amigo de andar en el cieno donde los indios lo matan con el arco y flecha; y si se descuidan andando con él o pisándolo en el agua, acude luego con la cola que la tiene larga y delgada y hiere con una sierra que tiene, tan fieramente, que no se puede sacar de donde la mete sin hacer muy mayor la herida, porque tiene los dientes al revés, de la manera que aquí está pintada.* De estas sierritas usaban los indios para cortar sus carnes en los sacrificios del demonio, y era oficio del sacerdote tenerlas, y así tenían muchas: son muy lindas porque son un hueso muy blanco y curioso hecho sierra así de aguda y delicada, que corta como cuchillo.

Hay un pescadillo pequeño tan ponzoñoso que nadie que lo come escapa de morir hinchado, todo muy en breve, y bur-

* Tampoco existe la pintura en la copia.

la a algunos hartas veces, aunque es conocido en que es algo tardío en morir fuera del agua y se hincha mucho todo él. Hay muy gentiles ostiones en el río de Champotón y hay muchos tiburones en toda la costa.

XLVI

IGUANAS Y LAGARTOS

Demás de los pescados cuya morada son las aguas, hay algunas cosas que juntamente se sirven y viven en el agua y en tierra, como son muchas iguanas, las cuales son como lagartos de España en la hechura y grandeza y en el color, aunque no son tan verdes; éstas ponen huevos en mucha cantidad y andan siempre cerca de la mar y de donde hay aguas, indiferentemente se guarecen en el agua y en la tierra, por lo cual las comen los españoles en tiempos de ayuno y la hallan muy singular comida y sana. Hay de éstas tantas, que ayudan a todos por la cuaresma; péscanlas los indios con lazos, encaramadas en los árboles y en agujeros de ellos, y es cosa increíble lo que sufren el hambre, que acaece estar vivas, después de tomadas, veinte y treinta días sin comer bocado y sin enflaquecer; y he oído que hay experiencia hecha, que si les frotan las barrigas con arena engordan mucho. El estiércol de éstas es admirable medicina para curar nubes de los ojos, puesto fresco en ellas.

Hay tortugas a maravilla grandes, que las hay muy mayores que grandes rodelas y son de buen comer y tienen harto qué; ponen los huevos tan grandes como de gallina, y ponen ciento cincuenta y doscientos, haciendo en la arena, fuera del agua, un gran hoyo y cubriéndolos después con la arena y allí salen las tortuguillas. Hay otras diferencias de tortugas en la tierra, por los montes secos y en las lagunas.

Un pescado vi en las costas, algunas veces, que por ser de concha todo, lo dejé para poner aquí. Es, pues, del grandor de una tortuga pequeña y cubierto por arriba de una concha delicada, redonda, de hermosa hechura y verde muy claro; tiene una cola de lo mismo de la concha, muy delgada, que parece punzón y larga como un jeme; por debajo tiene muchos pies y todo lleno de menudos huevos que no tiene qué comer de él sino huevos y cómenlos muchos los indios; llámanle en su lengua *mex*.

Hay muy fieros lagartos, los cuales aunque andan en el

agua, salen y están mucho en tierra, y comen en tierra o (con) la cabeza fuera del agua porque carecen de agallas y no pueden mascar dentro del agua. Es animal pesado y no se aparta mucho del agua y tiene furioso ímpetu en el acometer a algo, o en la huida. Es muy tragón, que cuentan de él cosas extrañas; y lo que yo sé es que uno nos mató, cerca de un monasterio, a un indio, bañándose en una laguna; y fue luego de allí a un rato un religioso con los indios a matarle a él y para matarle tomaron un perro no muy grande y metiéronle un fuerte palo por la boca hasta el sieso, hecho así, con sus puntas, y atáronle por las tripas del perro una muy recia soga y echando en la laguna el perro salió luego el lagarto y lo tomó en los dientes y se lo tragó; y tragado tiró la gente que con el fraile iba y lo sacaron con gran trabajo y dificultad atravesándole el palo en el cuerpo; abriéronle y halláronle la mitad del hombre en el buche a más del perrito. Estos lagartos engendran como los animales, y ponen huevos, y para ponerlos hacen grandes hoyos en la arena, muy cerca del agua, y ponen trescientos huevos y más, grandes más que de aves, y déjanlos allí hasta el tiempo que les ha Naturaleza enseñado que han de salir y entonces ándanse por allí aguardando y salen los lagartillos de esta manera: salen del huevo tan grandes como un palmo y están aguardando la ola de la mar que bate cerca de ellos, y así como la sienten, saltan de su lugar al agua y todos los que no alcanzan quedan muertos en la arena que como son tan tiernos y ella está muy caliente del sol, abrásanse y mueren luego. Los que alcanzan el agua escapan todos y comienzan luego a andar por allí, hasta que acudiendo los padres los siguen; de esta manera escapan muy pocos aunque ponen tantos huevos, no sin divina providencia que quiere sea más lo que nos aprovecha que lo que nos daña y podría tanto perjudicar, como estas bestias, si todas saliesen a la luz.

XLVII

DE LA MANERA QUE HAY DE SERPIENTES Y OTROS ANIMALES PONZOÑOSOS

De culebras o serpientes es grande la diversidad que hay, de muchos colores y no dañosas; salvo dos castas de ellas que son muy ponzoñosas víboras, y mayores mucho que las de acá de España. Llámanlas *taxinchan*. Otras hay también muy ponzoñosas y muy grandes y con cascabel en las colas; otras muy grandes que se tragan un conejo o dos y no son dañosas, y es cosa de decir que hay indios que con facilidad toman las unas y las otras sin recibir de ellas perjuicio.

Hay una casta de lagartijas mayores que las de acá, de las cuales es maravilla grande el temor que los indios tienen, porque según ellos dicen, en tocándola la persona, suda un sudorcillo el cual es mortal ponzoña. Hay muchos alacranes entre las piedras y no son tan ponzoñosos como las de acá de España. Hay un género de hormigas grandes cuya picada es mucho peor y duele y encona más que la de los alacranes, y tanto, que dura su enconación más del doble que la del alacrán, como yo he experimentado.

Hay dos géneros de arañas, la una muy pequeña y muy pestífera, la otra es muy grande y toda cubierta de espinitas muy delicadas, negras, que parecen vello y tienen en ellas la ponzoña, y así se guardan mucho de tocarlas los indios donde las hay.

Hay un gusanito colorado del cual se hace ungüento muy bueno, amarillo, para hinchazones y llagas, con no más de batirlos o amasarlos juntos y sirve de óleo para pintar los vasos y hace fuerte la pintura.

XLVIII

DE LAS ABEJAS Y SU MIEL Y CERA

Hay dos castas de abejas y ambas son muy más pequeñas que las nuestras. Las mayores de ellas crían en colmenas, las cuales son muy chicas; no hacen panal como las nuestras, sino ciertas vejiguitas como nueces de cera, todas juntas unas a otras, llenas de la miel. Para castrarlas no hacen más que abrir la colmena y reventar con un palito estas vejiguitas y así corre la miel y sacan la cera cuando les parece. Las demás crían en los montes, en concavidades de árboles y de piedras, y allí les buscan la cera de la cual y de miel abunda esta tierra mucho, y la miel es muy buena salvo que como es mucha la fertilidad del pasto de las abejas sale algo tocada del agua y es menester darle un hervor al fuego y con dárselo queda muy buena y de mucha duración. La cera es buena salvo que es muy humosa y nunca se ha acertado cual sea la causa, y en unas provincias es muy más amarilla por razón de las flores. No pican estas abejas ni hacen (nada) cuando las castran mal.

XLIX

LA FLORA DE YUCATÁN

Mucha es, y muy de notar, la diversidad de yerbas y flores que a Yucatán ornan en sus tiempos, así en los árboles como en las yerbas y muchas de ellas a maravilla lindas y hermosas y de diversos colores y olores, las cuales, allende el ornato con que a los montes y campos atavían, dan abundantísimo mantenimiento a las abejitas para su miel y cera. Pero entre ellas pondré aquí algunas, así por su preciosidad de olor y hermosura, como por el provecho que de ellas los moradores de aquellas tierras tienen.

Hay ajenjos muy más frescos y olorosos que los de acá y de más largas y delgadas hojitas y críanlos los indios para sus olores y recreación, y he visto que se hacen más hermosos con echarles las indias, al pie, cernada.

Hay una yerba de muy anchas hojas y de altas y gordas ramas, de singular frescura y fertilidad, porque de pedazos de las ramas se dan tanto que crecen (a) la manera y muchedumbre de las mimbreras, aunque en nada les son de comparar; tratada un poco la hoja entre las manos, tiene el verdadero olor del trébol, aunque lo pierde después de seca; es muy buena para frescura de los templos en las fiestas, y (para) esto sirve.

Hay tanta albahaca, que están los montes llenos de ella en algunas partes, y con nacer en aquellas peñas es muy fresca, hermosa y olorosa, aunque no se compara a la que se cría en las huertas, llevada de acá, que es cosa de ver lo que cría y ensancha cada pie.

Hay una flor que llaman *tixzula* del más delicado olor que yo he olido y mucho más que los jazmines; es blanca y la hay morada clara, y (como) su tronco es de cebollas gordas se podría traer a España. Es, pues de esta manera: echan sus cebollas unas espadañas altas y gruesas muy frescas, que duran todo el año y dan en medio una vez al año, un mástil verde, ancho como de tres dedos, y gordo y tan largo como las espadañas; y en el cabo de este mástil salen las flores en un manojo, cada una de un jeme de largo con (todo y) pezón, abiertas, que dan cinco hojitas largas y abiertas, y ciérralas por lo bajo una tela blanca, delicada, y en medio tienen unas telitas amarillas (y estas flores son) a maravilla de hermosas de blanco y amarillo. Cortado este vástago y puesto en un jarro de agua, dura con suave olor muchos días, porque no se abren las flores juntas, sino poco a poco.

Hay unas azucenitas muy blancas y olorosas y que duran mucho en agua, y fáciles de traer acá, porque son también de cebolla y en todo semejantes a las azucenas, salvo que el olor es más suave y no dañoso a la cabeza, y no tienen en medio lo amarillo de las azucenas. Hay una rosa llamada *ixlaul* que me han dicho que es de mucha hermosura y olor.

Hay también un género de árboles que llaman *nicté* que llevan muchas rosas blancas y otras amarillas y otras, en medio, moradas: son de mucha frescura y olor y hacen de ellas galanos ramilletes y los que quieren, (hacen) letuario. Hay una flor que llaman *Kom*, la cual es de mucho olor y arde de gran calor cuando huele; podríase fácilmente traer acá, y son sus hojas a maravilla frescas y anchas. Sin estas flores y yerbas olorosas hay otras muy provechosas y medicinales, entre las cuales hay dos maneras de yerba-mora muy fresca y muy linda.

Hay mucha doradilla y culantrillo y una yerba con cuyas hojas cocidas y agua se quitan a maravilla las hinchazones de los pies y piernas. Hay otra muy singular para curar llagas viejas que llaman *iaxpalialché*. Hay también otra que tiene el mismo sabor del hinojo y se come y es muy buena para cocer agua y para curar llagas, puesta así cruda como la pasada. Hay en lo de *Bac-halar* zarzaparrilla.

Tienen cierta yerba que crían en los pozos y en otras partes, triangulada como la juncia, pero muy más gorda, de la cual hacen sus ceras y la suelen teñir de colores y hácenlas muy lindas a maravilla. Tienen una yerba silvestre, que también la crían en sus casas, y es mejor, de la cual sacan su manera de cáñamo de que hacen infinitas cosas para su servicio. También crían en algunos árboles, sin ser de su cosecha, un cierto género de yerbas, las cuales echan unas frutas como pequeños cohombros, de los cuales se hacen sus gomas o colas con que pegan lo que han menester.

Las simientes que para la humana sustentación tienen, son: muy buen maíz y de muchas diferencias y colores, de lo cual cogen mucho y hacen trojes y guardan en silos para los años estériles. Hay dos castas de habas pequeñas, las unas negras y las otras de diversos colores, y otra que han llevado los españoles, blanquillas y pequeñas. Hay de su pimienta;

muchas diferencias de calabazas, algunas de las cuales son para sacar pepitas para hacer guisados, otras para comer asadas y cocidas y otras para vasos de sus servicios; tienen ya melones, y muy buenos, y calabazas de España; los hemos puesto a coger mijo, que es buen mantenimiento; tiene una fruta a maravilla fresca y sabrosa que se siembra y la fruta es la raíz que nace como nabo gordo y redondo: cómense crudas con sal; la otra raíz que nace debajo de tierra sembrándola, que es grande mantenimiento, y es de muchas diferencias, que hay moradas, amarillas y blancas, cómense cocidas y asadas y son buena comida, y tiran algo a castañas, y ayudan, asadas, a beber. Hay otros dos géneros de raíces y son mantenimiento de los indios. Otras dos raíces silvestres hay que se parecen algo a las dos que primero he dicho, y ayudan en tiempos de necesidad de hambre a los indios, que sin ella no curan de ellas. Tienen un arbolillo de blandas ramas y que tiene mucha leche, las hojas del cual se comen guisadas, y son como berzas de comer y buenas con mucho tocino gordo. Plántanlo los indios luego do quiera van a morar, y en todo el año tiene hoja que cogerle. Hay muy frescas achicorias, y criábanlas en las heredades aunque no las saben comer.

Cosa es de mucho alabar a Dios con el profeta que dice: "admirable es, Señor, tu nombre en toda la tierra", por la muchedumbre de árboles que en esta tierra Su Majestad crió, todos tan desemejantes de los nuestros, que hasta hoy (no) se ha visto uno que conozca, digo en Yucatán, que fuera sí ha visto, y de todos tienen sus servicios y provechos los indios y aun los españoles. Hay un árbol de cuya fruta, que es como una calabaza redonda, hacen los indios sus vasos, y son muy buenos y hácenlos ellos muy pintados y galanos. De esta misma casta hay otro que lleva la fruta más pequeña y muy dura y hacen de ella otros vasillos para ungüentos y otros servicios. Hay otro, el cual lleva una frutilla como avellana de cuesco, de la cual se hacen buenas cuentas, y con la cáscara se lava la ropa como un jabón, y así hace su espuma.

Criaban mucho el árbol del incienso para los demonios, y sacábanselo hiriendo con una piedra el árbol en la corteza para que allí corriese aquella goma o resina; es árbol fresco, alto y de buena sombra y hoja, pero su flor hace negra la cera donde lo hay. Hay un árbol que crían en los pozos, muy hermoso de alto, y fresco de hoja, y que es maravilla lo que extiende sus ramas, las cuales nacen en el tronco por mucho orden, que nacen de tres en tres o más, a trozos, a la redonda del árbol, y así se van extendiendo ellas y la guía creciendo.

Hay cedros, aunque no de los finos. Hay una casta de palo algo amarillo y vetoso como encina, a maravilla fuerte y de mucha dur (ez) a y tan recio, que lo hallamos en las puertas de los edificios de Izamal, puesto por batientes y cargada la obra toda sobre él. Hay otro, fortísimo, y hacían de él los arcos y las lanzas y es de color leonado. Otro hay de color anaranjado oscuro, de que hacían bordones; es muy fuerte y creo se dice *esbrasil*. Hay muchos árboles de los que dicen son buenos para la enfermedad de bubas, y llámanle *zon*. Hay un árbol que lleva leche la cual es rejalgar y llaga cuanto toca, y su sombra es muy pestífera, especial (mente) si se duerme a ella. Hay otro que todo él está lleno de pares de espinas largas y muy duras y gordas, que no hay ave que en él repose jamás ni se pueda en él asentar; tiene unas espinas agujereadas por el tronco y llenas siempre de hormigas. Hay un árbol de muy gran altura y grandeza; lleva una fruta como algarrobas llena de unos piñones negros, y que en tiempo de necesidad hacen de ella comida los indios, y con sus raíces hacen cubos para sacar agua de los pozos y norias.

Otros árboles hay de cuyas cortezas hacen los indios cubillos para sacar agua para sí, y otros de que hacen las sogas, y otros, de cuyas cortezas majadas, hacen un caldo para bruñir con él los encalados, y los hace muy fuertes. Hay muy hermosas moreras y es buena madera, y tienen otros tantos árboles y de todo servicio y provecho, que espanta. Tienen en los campos y montes muchas diferencias de mimbres, de los cuales hacen cestas de todas maneras y con los cuales atan sus casas y cuanto han menester, y es muy grande a maravilla el servicio que de esto tienen. Hay un árbol cuya leche es singular medicina para encarnar los dientes. Hay otro que lleva cierta fruta grande, llena de lana mejor para almohadas que las estopas de la Alcarria.

Temiendo hacer agravio a la fruta o sus árboles los he acordado poner por sí, y primero diré del vino como cosa que los indios mucho estimaban y por eso lo plantaban casi todos en sus corrales o espacios de sus casas. Es árbol feo y sin más fruto que hacer de sus raíces y miel y agua, su vino. Hay en esta tierra ciertas parras silvestres que llevan uvas comestibles; hay muchas en la costa de *Kupul*. Hay ciruelos de muchas diferencias de ciruelas y algunas muy sabrosas y sanas y diferentísimas de las nuestras, que tienen poca carne y gran cuesco, al revés de las que acá hay; a qué comprar (las) echa este árbol las frutas antes que las hojas; y sin flor, sino la fruta. Hay muchos plátanos y los han llevado los españoles, que no los había antes. Hay un árbol muy grande, el cual lleva una fruta grande, algo larga y gorda cuya carne es colorada, y muy buena de comer; no echa flor sino la propia fruta, muy pequeñita y va creciendo muy poco a poco. Hay otro árbol muy frondoso y hermoso y que nunca se le cae la hoja, y sin echar flor, echa una fruta de tanta y más dulzura que la de arriba, pequeña, muy golosa y gustosa de comer y muy delicada, y hay unos mejores que otros, y tanto mejores que serían muy preciados si los tuviésemos: llámanlos en la lengua *Ya*. Hay otro muy hermoso y fresco árbol que nunca pierde la hoja y lleva unos higuillos sabrosos que llaman *Ox*. Hay otro árbol a maravilla hermoso y fresco y lleva la fruta como huevos grandes. Cógenla verde los indios y madúranla en ceniza, y madura, queda a maravilla y al comer (la) es dulce y empalaga como yemas de huevo. Otro árbol lleva otra fruta así amarilla y no tan grande como esta otra y más blanda y dulce que ella, la cual comida, queda el cuesco como blando erizo todo, que es de ver. Hay otro muy fresco y hermoso árbol que lleva una fruta ni más ni menos que las avellanas con su cáscara; tienen debajo (de) aquella cáscara una fruta como guindas, y su cuesco (es) grande; llámanlas los indios *Vayam* y los españoles *Guayas*. Hay una fruta que los españoles han llevado, de buen comer y sana, que llaman *Guayabas*.

En las sierras hay dos géneros de árboles. El uno lleva unas frutas tan grandes como una buena pera, muy verdes, y de gorda corteza, las cuales maduran aporréandolas todas en una piedra, y son después de muy singular sabor. El otro lleva unas frutas muy grandes, de la hechura de las piñas, y tienen gustoso comer, que son aguanosas y acedas, y tienen muchos cuescos, pequeños, pero no son sanas. Hay un árbol el cual se da siempre en los rasos, y nunca entre los árboles sino solos ellos, cuya corteza es muy buena para adobar cueros y sirve (como) zumaque; lleva una frutilla amarilla sabrosa y golosa mucho para las mujeres. Hay un árbol muy grande y fresco al cual llaman los indios *On*; lleva una fruta como calabacillas grandezuelas de gran suavidad que parece a sabor de manteca y es mantecosa, y es de muy gran mantenimiento y substancia. Tiene gran cuesco y delicada cáscara, y cómese cortado (en) rebanadas como melón y con sal.

Hay unos cardos muy espinosos y feos, y crecen a trozos siempre pegados a otros árboles, revueltos con ellos. Estos llevan una fruta cuya corteza es colorada y semejante algo a la hechura de la alcachofa y blanda de quitar y sin ninguna espina. La carne que dentro tiene es blanca y llena de muy pequeños granos negros. Es dulce y delicada a maravilla y aguanosa que se deshace en la boca; cómese a ruedas como naranjas y con sal, y no hallan los indios tantas por los montes cuantas comen los españoles.

Hay un árbol fofo y feo aunque grande, que lleva cierta manera de fruta llena de tripas amarillas muy sabrosas y cosquezuelos como cañamones y muy mayores, los cuales son muy sanos para la orina. De esta fruta hacen buena conserva y echa el árbol la hoja después de pasada la fruta. Hay un árbol algo espinoso pequeño, el cual lleva una fruta de hechura de delgados pepinos y algo larga. Tiene alguna similitud su sabor con el cardo, y cómese así, con sal, partida en rebanadas, y los cuescos son como los del cohombro, muchos y tiernos. Si acierta a tener esta fruta algún agujero por algún accidente estando en el árbol, en él se le recoge una gomilla (de) muy fino olor de algalia. Hay otro árbol cuya flor es asaz de suave olor, y cuya fruta es la que acá en España llaman del manjar blanco, y hay muchas diversidades de ellos en el llevar fruta buena y mejor.

Hay un arbolito que suelen los indios criar en sus casas, el cual lleva unos erizos como las castañas, aunque no son tan grandes ni tan ásperos. Abrense cuando están sazón y tienen dentro unos granillos de los cuales usan, aun los españoles, para dar color a los guisados, como lo da el azafrán, y (es) tan fino el color que mancha mucho. Bien creo se me deben quedar más frutas, pero todavía diré de la de las palmas, de las cuales hay dos castas. Las unas sirven sus ramas (para) cubrir las casas, y son muy altas y delgadas, y llevan unos muy grandes racimos de una golosilla fruta negra como garbanzos (a las que) son muy aficionadas las indias. Las otras son unas palmas bajas y muy espinosas, y no sirve su hoja de nada, que es muy cortilla y rara. Llevan unos grandes racimos de una fruta redonda, verde, tan grande como huevos de paloma. Quitada la cáscara le queda un cuesco de gran dureza, y quebrado, sale de él una pepita redonda tan grande como una avellana, muy sabrosa y provechosa en tiempos estériles, que hacen de ella la comida caliente que beben en las mañanas, y a falta, se guisaría con su leche, que es como de las almendras, cualquier manjar.

Cógese mucho algodón a maravilla, y dáse en todas las partes de la tierra, de lo cual hay dos castas: la una siembran cada año, y no dura más que aquel año su arbolito, y es muy pequeño; la otra dura el árbol cinco o seis años y (en) todos da sus frutos, que son unos capullos como nueces con cáscara verde, los cuales se abren en cuatro partes a su tiempo y allí tiene el algodón.

Solíase coger grana, y dicen que era de la mejor de las Indias, por ser tierra seca, y todavía cogen en algunas partes alguna, los indios. Colores hay de muchas diversidades, hechos de tintas de algunos árboles, y de flores, y porque los indios no han sabido perfeccionarlos con las gomas para que les den el temple que han menester para que no desdigan, desdicen. Pero lo que cogen la seda han ya buscado remedios y dicen se darán tan perfectos como en las partes que más perfectos se dan.

L

AVES DE LA TIERRA Y EL MAR

La abundancia que tiene esta tierra de aves es a maravilla grande, y tan diversas, que es mucho alabar al que de ellas las hinchió como de bendición. Tienen aves domésticas y que crían en las casas como son sus gallinas y gallos en mucha cantidad, aunque son penosos de criar. Hanse dado a criar aves de España, gallinas, y crían muchas a maravilla, y en todos los tiempos del año hay pollos de ellas. Crían algunas palomas mansas, de las nuestras, y (se) multiplican mucho. Crían para la pluma cierta casta de anadones blancos grandes, que creo les vinieron del Perú, y así les pelan muchas veces las barrigas, y quieren aquella pluma para las labores de sus ropas.

Hay muchas diversidades de pájaros y muchos muy lindos, y entre ellos hay dos castas de tortolillas muy saladas, y las unas muy chiquitas y domésticas para criar, mansas. Hay un pajarito pequeño, de tan suave canto como el ruiseñor, que llaman *Ixyalchamil*; anda en las paredes de las casas que tienen huertas y en los árboles de ellas. Hay otro pájaro grande y muy lindo, de color verde muy oscuro, que no tiene en la cola más de dos plumas largas, y con no más de la mitad, y al cabo, (unos) pelos en ellas, y su morar es en los edificios, y no anda sino a las mañanas. Hay otros pájaros que en las travesuras y cuerpo son como las picazas y grandes gritadores a la gente que pasa por los caminos, que no la dejan ir secreta (mente). Hay muchos avioncillos (*sic*) o golondrinas, y yo he creído que son aviones porque no crían en las casas como las golondrinas.

Hay un pájaro grande y de muchos colores y hermosura, el cual tiene gran pico y muy fuerte, y anda siempre en los árboles secos, asido con las uñas, agujereando las cortezas aherronadas con el pico tan recio que se oye buena pieza, para sacar los gusanos de la carcoma, de los cuales se mantiene; y es tanto lo que agujerean estos pájaros, que están los árboles que crían estos gusanos, de arriba abajo, hechos una criba de agujeros.

Hay muchas aves del campo, buenas todas para comer, que hay tres maneras de muy lindas palomitas pequeñas. Hay unas aves en todo semejantes a las perdices de España, salvo que son de muy altas piernas, aunque coloradas, y tienen ruin comer; son, empero, a maravilla domésticas, si se crían en casa. Hay muchas codornices a maravilla, y son algo mayores que las nuestras, y de singular comer; vuelan poco y tómanlas los indios con perros, encaramadas en los árboles, con lazos que les echan al pescuezo, y es muy gustosa caza. Hay muchos faisanes pardillos y pintados y de razonable tamaño, y no tales para comer como los de Italia. Hay un pájaro grande como las gallinas de allá que llaman *Cambul*, muy hermoso a maravilla y de gran denuedo y buen comer. Hay otro que llaman *Cox*, tan grande como él, de furioso paso y meneo, y son los machos negros todos como un azabache, y tienen unas coronas muy lindas de plumas, crespas, y los párpados de los ojos amarillos y muy lindos. Hay muchos pavos que aunque no son de tan hermosas plumas como los de acá de España, las tienen muy galanas y son a maravilla hermosos, y tan grandes como los gallos de los indios y de tan buen comer.

A todas las grandes matan los indios, en los árboles, con las flechas, y a todas les hurtan los huevos y los (empollan) sus gallinas, y se crían muy domésticas. Hay tres o cuatro castas de papagayos pequeños y grandes y tantas banda(da)s de ellos, que hacen mucho daño a las sementeras.

Hay otras aves nocturnas, como son las lechuzas, mochuelos, y gallinas ciegas, que es cosa de pasatiempo caminar de noche pues se ven grandes piezas en el camino, poniéndose a vuelos delante de los hombres. Amohinan mucho a los indios y tiénenlas por agüero, y lo mismo tienen a otros pájaros.

Hay unas aves muy carniceras que llaman los españoles auras y los indios *kuch*, las cuales son negras y tienen el pescuezo y cabeza como las gallinas de allá, y el pico larguillo con un garabato. Son muy sucias: casi siempre andan en los establos en lugares de la purgación del vientre comiéndolas y buscando carnes muertas para comer. Es cosa averiguada no habérsele hasta ahora conocido nido ni saber dónde crían por lo cual dicen algunos (que) viven vidas de doscientos años y más, y otros creen (que son) los verdaderos cuervos. Huelen tanto la carne muerta que para hallar los indios los venados que matan y se les huyen heridos, no tienen remedio sino subidos en altos árboles mirar adonde acuden estas aves, y es cierto hallar allí su caza.

De aves de rapiña es a maravilla mucha la diversidad que hay, porque hay águilas pequeñas, hay muy lindos azores y muy grandes cazadores, hay gavilanes muy hermosos y mayores que los de acá de España. Hay alcotanes y sacres, y otros que, como no soy cazador, no tengo memoria.

En el mar es cosa que admira la infinidad, la variedad y la diversidad y muchedumbre que hay de aves y pájaros, y la hermosura de cada una en sus géneros. Hay unos pájaros tan grandes como avestruces, pardos y de mayor pico; andan siempre en el agua buscando qué pescar y así como sienten al pescado, álzanse en el aire y caen con gran ímpetu sobre la pesca con aquel picazo y pescuezo, y jamás echan lance vacío, y quédanse, en haciendo el golpe, nadando y tragando al pez vivo sin más lo guisar ni escamar. Hay unos pájaros grandes, flacos y que vuelan mucho y muy alto, los cuales dividen la cola en sus dos puntas, la enjundia de los cuales es a maravilla medicinal para señales de heridas y para pasmo de miembros por causa de heridas. Hay unos anadones que se sustentan grandísimo rato debajo del agua, para pescar de comer, y son muy sueltos y tienen en el pico un garfio con que pescan. Hay otros anadoncitos pequeños y de mucha hermosura que se llaman *Maxix*; son muy mansitos y se crían en casa, y no se saben huir.

Hay muchas maneras de garzas y garcetas, unas blancas, otras pardas, unas grandes, otras pequeñas; en las Lagunas de Términos hay muchas encarnadas muy claras que parecen de color de polvo de grana, y tantas maneras de pajarillos chicos y grandes, que ponen admiración su muchedumbre y diversidad, y más el verlos a todos cuidadosos de buscar de comer en aquella playa, unos entrando tras la ola en la reventazón del mar, y después huyendo de ella, otros buscando comida a las orillas, otros quitándola a otros con llegar más presto a ella, y lo que más admira: ver que a todos los provee Dios (y) que los hinche de bendición.

LI

OTROS ANIMALES DE YUCATÁN

De muchos animales han carecido los indios; y especialmente han carecido de los que más necesarios son para el servicio del hombre; pero tenían otros de los más, de los cuales se aprovechaban para su mantenimiento, y ninguno de ellos era doméstico salvo los perros, los cuales no saben ladrar ni hacer mal a los hombres, y a la caza sí, que encaraman las codornices y otras aves y siguen mucho (a) los venados y algunos son grandes rastreadores. Son pequeños y comíanlos los indios por fiesta, y yo creo se afrentan y tienen (hoy) por poquedad comerlos. Dicen que tenían muy buen sabor.

Hay dantas en sólo un cornijal de la tierra que está detrás de las sierras de Campeche; y hay muchas, y hanme dicho los indios que son de muchos colores, que hay rucias y oberas, bayas y castañas, y muy blancas y negras. Andan más en este pedazo de tierra que en toda ella, porque es animal muy amigo de (l) agua y hay por allí muchas lagunas de aquellos montes y sierras. Es animal del tamaño de medianas mulas, muy ligero y tiene zapata hendida como el buey, y una trompilla en el hocico en que guarda agua. Tenían los indios por gran valentía matarlas y duraba para memoria el pellejo, o partes de él, hasta los biznietos, como lo vi yo; llámanla *Tzimin*, y por ellas han puesto nombre a los caballos.

Hay leoncillos y tigres, y mátanlos los indios con el arco, encaramados en los árboles. Hay un cierto género de oso o quier *(sic)* que es a maravilla amigo de castrar colmenas. Es pardo con unas manchas negras y largo de cuerpo y corto de piernas y cabecirredondo.

Hay cierta casta de cabrillas monteses, pequeñas y muy ligeras y hosquillas de color. Hay puercos, animales pequeños y muy diferentes de los nuestros, que tienen el ombligo en el lomo y hieden mucho. Hay muchos venados que es maravilla, y son pequeños y la carne de buen comer. Conejos hay infinitos en todo semejantes a los nuestros, salvo el hocico que lo tienen largo y no nada romo, sino como de carnero; son grandes y de muy buen comer. Hay un animalito tristísimo de su natural y anda siempre en las cavernas y escondrijos, y de noche; y para cazarlo le arman los indios cierta trampa y en ella le cogen; es semejante a la liebre y anda a saltos y encogido. Tiene los dientes delanteros muy largos y delgados, la colilla aún menor que la liebre y el color xeloso *(sic)* y muy sombrío y es a maravilla manso y amable y llámase *Zub*.

Hay otro animalito pequeño, como un lechoncillo recién nacido, y así (tiene) las manezuelas y el hocico y (es) gran hozeador, el cual está todo cubierto de graciosas conchas que no parece sino caballo encubertado, con sólo las orejuelas y los pies y manos fuera, y su pescuezo y testera cubiertos de conchas; es muy bueno de comer y tierno.

Hay otros animales como perrillos pequeños; tienen la cabeza de hechura de puerco y larga cola, y son de color ahumado y a maravilla torpes; tanto, que los toman muchas veces de la cola. Son muy golosos y andan de noche en las casas y no se les escapa gallina en poco a poco. Paren las hembras catorce y dieciocho hijuelos como comadrejuelas y sin ningún abrigo de pelo y a maravilla torpecillos; y proveyó Dios a las madres de una extraña bolsa en la barriga en que los amparan, porque le nace a todo lo largo en la barriga, por cada parte y encima de las tetas, un cuero, y cuando lo junta uno con otro, quedan cerradas las tetas, y cuando quiere lo abre, y allí reciben los hijos, cada uno, el pezón de la teta en la boca, y cuando lo tienen todos asidos échales aquellas ijadas o cueros encima y apriétalos tan fuertemente que ninguno se le cae, y con ellos, así cargada, va por ahí a buscar de comer; críalos así hasta que tienen pelo y pueden andar.

Hay zorras en todo como las de acá, salvo que no son tan grandes ni tienen tan buena cola. Hay un animal que llaman *Chu* a maravilla travieso, tan grande como un perrillo, de hocico como lechón. Críanlo las indias, y no les dejan cosa que no les hozen y trastornen, y es cosa increíble que son a maravilla amigos de burla con las indias, y las espulgan, y se llegan siempre a ellas, y no pueden ver al hombre más que a la muerte. Hay muchos de éstos y andan siempre a manadas en hilo, uno tras otro, encajados los hocicos (de) los unos debajo de la cola de los otros, y destruyen mucho la heredad de maíz donde entran.

Hay un animalito como ardilla, blanco y de unas cinchitas amarillas oscuras cercado alrededor, que llaman *Pay*, el cual se defiende de los que le siguen o dañan con orinarse, y es de tan horrible hedor lo que echa, que no hay quien lo pueda sufrir ni cosa en que caiga se puede más traer. Hánme dicho que no es aquello orina sino un sudorcillo que trae en una bolsita detrás. Sea lo que fuere, sus armas le defienden, y por maravilla matan uno de ellos los indios. Hay muchas ardillas muy lindas, y topos y comadrejas y muchos ratones como los de España, salvo que son de muy largos hocicos.

LII

CONCLUSIÓN

No han los indios perdido sino ganado mucho con la ida de la nación española, aun en lo que es menos, aunque es mucho, acrecentándoseles muchas cosas de las cuales han de venir, andando los tiempos, a gozar por fuerza, y ya comienzan a gozar y usar de muchas de ellas. Hay ya muchos y buenos caballos y muchas mulas y machos; los asnos se dan mal, y creo lo ha causado el regalarlos, porque sin falta es bestia recia y que la daña el regalo. Hay muchas y muy hermosas vacas, puercos muchos, carneros, ovejas cabras y de nuestros perros que merecen su servicio, y que con ellos se ha, en las Indias, hecho contarlos entre las cosas provechosas. Gatos que son muy provechosos y allá necesarios, y los quieren mucho los indios. Gallinas y palomas, naranjas, limas, cidras, parras, granadas, higos, guayabos y dátiles, plátanos, melones y las demás legumbres; y sólo los melones y calabazas se dan de su simiente, que las demás es menester simiente fresca de México. Dáse ya seda y es muy buena.

Hanles ido herramientas y el uso de los oficios mecánicos,

dánselas muy bien. El uso de la moneda y de otras muchas cosas de España, que aunque los indios habían pasado y podido pasar sin ellas, viven sin comparación con ellas más como hombres y más ayudados a sus trabajos corporales y a la relevación de ellos que según la sentencia del filósofo, el arte ayuda a la naturaleza.

No ha dado Dios acrecentamiento a los indios con la nuestra nación Española de las cosas dichas tan necesarias al servicio del hombre, que por solas ellas no pagan con lo que dan o darán a los españoles, tan solamente; pero les han ido sin paga las que no se pueden comprar ni merecer, que son la justicia y cristiandad y paz en que ya viven; por lo cual deben más a España y a sus españoles, y principalmente a los muy católicos reyes de ellas —que con tan continuo cuidado y con tan grande cristiandad de estas dos cosas los han proveído y los proveen—, que a sus primeros fundadores, malos padres que los engendraron en pecado e hijos de ira, que la cristiandad los engendra en gracia y para gozar la vida eterna. Sus primeros fundadores no les supieron dar orden (para que) careciesen de (los) errores tantos y tales como en los que han vivido. La justicia los ha sacado de ellos mediante la predicación, y ella los ha de guardar no tornar a ellos; y si tornaren, los ha de sacar de ellos con razón, pues, se puede gloriar España en Dios, pues la eligió entre otras naciones para remedio de tantas gentes, por lo cual ellas le deben mucho más que a sus fundadores ni genitores; que si como el bienaventurado San Gregorio dice, no nos fuera de mucho provecho nacer si no viniéramos a ser de Cristo, bien nuestro, redimidos. Ni más ni menos ¿qué fruto —podemos decir con Anselmo— nos trae el ser redimidos si no conseguimos el fruto de la redención que es nuestra salvación? Y así, yerran mucho los que dicen que porque los indios han recibido agravios, vejaciones y malos ejemplos de los españoles, hubiera sido mejor no los haber descubierto, porque vejaciones y agravios mayores eran los que unos a otros se hacían perpetuamente matándose, haciéndose esclavos y sacrificándose a los demonios. Mal ejemplo, si lo han recibido o de algunos lo reciben ahora, el rey lo ha remediado y remedia cada día con sus justicias y con la continua predicación y perseverante contradicción de los religiosos a quienes los dan y han dado; y cuanto más es evangélica la doctrina, los malos ejemplos y los escándalos son necesarios, y así creo lo han sido entre esta gente para que ella supiese, apartando el oro del lodo y el grano de la paja, estimar la virtud como lo han hecho, viendo con el filósofo que resplandecen las virtudes entre los vicios y los virtuosos entre los viciosos, y el que mal ejemplo o escándalo les ha dado, su terrible ¡guay! tiene si no los satisface con (algo) bueno; y tú, carísimo lector, pídelo así de tu parte a Dios y recibe mi poco de trabajo perdonando los defectos de él, y acordándote, cuando con ellos topares, que no sólo no les defiendo, como San Agustín dice (que) decía de sí Tulio, el cual decía nunca había dicho palabra que la quisiese revocar, y no agradó al santo por ser tan propio el errar de los hombres; pero al principio, antes que los topes, los toparás revocados o confesados en mis introducciones o prólogos, y así juzgarás con el bienaventurado Agustín en la epístola a Marcela, la diferencia entre quien confiesa su yerro o falta y el que las defiende, y perdonarás las mías como dice el profeta hace Dios (con) las mías y las tuyas, diciendo: Señor, yo dije que confesaré mi maldad e injusticia, y luego tú las (s) perdonaste.

El historiador de las cosas de las Indias, a quien (se) le debe mucho en ellas por su trabajo y por la lumbre que la dio, dice hablando de las cosas de Yucatán que usaban honda en la guerra y varas tostadas; y de las cosas que en la guerra usaban ya lo dejo dicho y no me espanto le pereciesen a Francisco Hernández de Córdoba y a Juan de Grijalva, de honda las pedradas que les tiraban los indios, cuando en Champotón los desbarataron, pero no saben tirar con honda ni la conocen, aunque tiran muy certera y recia una piedra, y encaran con el brazo izquierdo y el dedo índice a lo que tiran. Dice hay liebres: como no sean las que hallarás en el párrafo II del capítulo LI. Dice hay perdices y que tales, y como sean, (las) hallarás en el párrafo I del capítulo L. Dice más nuestro historiador: que hallaron en el cabo de *Cotoch* cruces entre los muertos y los ídolos, y que no lo cree porque si fueran de los españoles que de España se despoblaron cuando se perdió, tocaran de fuerza primero en otras tierras, que hay muchas. Yo, no por esta razón que no me convence, no lo creo porque no se sabe de las otras partes que podían reconocer y a dónde antes que a Yucatán podían llegar, si llegaron o no, tampoco como en estas de Yucatán. Pero por lo que no lo creo es porque cuando Francisco Hernández y Grijalva llegaron a *Cotoch*, no andaban a desenterrar muertos sino a buscar oro entre los vivos, y también creo de la virtud de la cruz y de la malicia del demonio que no sufriera ver cruz entre los ídolos, en peligro de que milagrosamente algún día su virtud se los quebrantara y a él le ahuyentara y confundiera como hizo a Dagón el arca del testamento con no estar consagrada con sangre del hijo de Dios y dignificada con sus divinos miembros, como la santa cruz. Pero con todo eso, diré lo que me dijo un señor de los indios, hombre de muy buen entendimiento y de mucha reputación entre ellos: hablando en esta materia un día y preguntándole yo si había oído algún tiempo nuevas de Cristo, Nuestro Señor, o de su Cruz, díjome que no había oído jamás nada a sus antepasados de Cristo ni de la Cruz, más de que desbaratando un edificio pequeño en cierta parte de la costa, habían hallado en unos sepulcros, sobre los cuerpos y huesos de los difuntos, unas cruces pequeñas de metal, y que no miraron en lo de la cruz hasta ahora que eran cristianos y la veían venerar y adorar, que habían creído lo debían ser aquellos difuntos que allí se habían enterrado. Si esto fue así, es posible haber allí llegado alguna poca gente de España y consumídose en breve, y no haber podido quedar, por eso, memoria de ello.

AQUÍ TERMINA EL MANUSCRITO DE LA RELACIÓN DE LAS COSAS DE YUCATÁN.

ÍNDICE

Impreso en MARCO IMPRESORES, México, D. F., marzo del 2001. La edición consta de 1000 ejemplares.